Du sagst kein Wort zu Mama!

Martina Woknitz

Martina Woknitz

Du sagst kein Wort zu Mama!

Meine Kindheit voll Missbrauch und Gewalt im eigenen Elternhaus

Biografischer Tatsachen-Roman

DeBehr

Herausgeber: Verlag DeBehr
Erstauflage: 2022
ISBN: 9783987270017

Alle Namen von Personen und Orten der Handlungen wurden verändert. Gleichheit ist dem reinen Zufall geschuldet.

Inhalt

Mama, warum?

Mama
Warum hast du das getan?
Warum lässt du mich hier allein zurück?
Warum hast du mich nicht mitgenommen?
Ich habe doch gar keine Angst vor der hoffentlich anderen, besseren Seite.

Mama
Warum wolltest du nicht mehr mit mir zusammen sein?
Vermisst du mich da, wo du jetzt bist?
Hast du mich vielleicht sogar schon vergessen?

Mama
Ich will nicht mit Papa allein bleiben, ich habe doch solche Angst.
Du wusstest doch alles, warum lässt du mich trotzdem allein zurück?

Mama
Ich verstehe es nicht.

NIEMALS

Am Grab

Zusammengekauert sitze ich vor dem Grab meiner über alles geliebten Mama. Immer noch zieren schöne Kränze und Blumen diesen verdammten Ort der Trauer. Unschuldige, wunderschön blühende Rosen und Lilien. Ihr Grab ist in die Farben rot/weiß getaucht.
Gestern haben wir meine Mama zu ihrer letzten Ruhe begleitet. Es war einer der schrecklichsten Tage meines Lebens. Es gibt leider sehr viele fürchterliche Tage in meinem Dasein, aber dieser Tag war definitiv einer der schlimmsten. Ich musste mich von meiner Mutter verabschieden. Ich bin vierzehn Jahre alt und brauche sich doch noch so sehr.

Papa hielt die ganze Zeit seinen Arm um mich, er war für mich da.

Doch ich möchte alles von vorn erzählen:

Ein Leben wie ein (Alp-)Traum

Wir lebten in einem Häuschen mit wunderschönem Garten. Selbst ein Pool zierte diesen schönen Platz.
Als kleines Mädchen liebte ich es, in das erfrischende Wasser zu springen, wenn die Sonne es besonders gut meinte. Es war so herrlich, dort war ich glücklich und unbeschwert. Eine Hollywoodschaukel stand direkt daneben, sehr gern lag ich dort und las meine Kinderbücher. Ich hatte auch viele Freundinnen, die gern zu uns zu Besuch kamen. Meine Mama war sowieso immer lieb, aber auch mein Vater war toll, wenn die Mädchen zu uns kamen. Er baute uns sogar ein Baumhaus in den einzigen alten Baum in unserem Garten. War das herrlich.

Unser Haus bestand aus zwei Etagen. Im Untergeschoss waren die Küche, ein Bad, Wohnzimmer, Esszimmer und Wintergarten mit Ausgang zur Terrasse. In der oberen Etage befanden sich das Schlafzimmer, mein Zimmer, ein weiteres Bad, Papas Arbeits- und zwei Gästezimmer. Wir hatten wirklich ein schönes und modernes Zuhause.
Meine Eltern arbeiten beide bei der städtischen Sparkasse unserer Stadt, mein Vater als Abtei-

lungsleiter, meine Mama war in der Kreditberatung tätig. Wir waren nicht arm. Im Gegenteil, finanziell ging es uns gut.

Meine Mama war hübsch und sehr beliebt. Sie war zierlich, hatte ein rundes Puppengesicht und lange, kastanienbraune Haare. Sie sah nicht nur gut aus, sie war auch eine sehr liebe und fürsorgliche Frau.
Mein Vater war groß, durchtrainiert, hatte volles schwarzes Haar und braune Augen – schon ein Hingucker. Ja, man kann sagen, ich hatte richtig hübsche Eltern.
Doch er war das Gegenteil meiner Mutter. Das äußere Aussehen deckte sich in keinster Weise mit seinen inneren Werten. Er ist lieb und böse zugleich. Wenn er seine liebevolle Art zeigte, liebte ich ihn unendlich. War er böse, hasste ich ihn, das war aber erst der Fall, als ich älter wurde. Als kleines Mädchen wollte ich ihn einfach nur liebhaben und nichts sollte diese Liebe zu meinem Papa trüben.

Wann es begann, dass ich Angst vor meinem Vater entwickelte, weiß ich nicht mehr. Ich ging noch nicht in die Schule. Ich glaube, ich war fünf Jahre alt.
An einem Tag flippte mein Vater total aus. Warum weiß ich nicht, ich war noch zu klein. Aber die Angst, die ich an diesem Tag vor ihm

hatte, spüre ich noch ganz genau. Wir saßen beim Abendessen, niemand sagte ein Wort. Woran ich mich auch noch genau erinnere, ich hatte keinen Appetit. So stocherte ich in meinem Essen herum, schob die Kartoffel von einer Seite auf die andere. Auf das Fleisch hatte ich schon gar keinen Hunger. Ich muss unruhig auf meinem Stühlchen hin und her gerutscht sein, das nervte meinen Vater. Ungehalten fuhr er mich an: „Kannst du endlich mal stillsitzen, Elisa? Das nervt! Iss ordentlich!"
„Ich habe keinen Hunger", antwortete ich mit meinem Kinderstimmchen.
Sofort brüllte er mich an: "Essen, habe ich gesagt!"
Welches kleine Kind konnte denn jetzt seelenruhig essen, wenn es gleich angebrüllt wurde? Mein Herz begann zu rasen. Hatte er mich schon immer angebrüllt oder warum hatte ich plötzlich so eine Angst vor ihm? Ich wollte nicht weinen, leider konnte ich das nicht steuern. Tränen kullerten über meine Wangen. Meine Nase begann zu laufen, den Rotz wischte ich mit meiner kleinen Hand weg.

"Wie ekelig bist du Balg denn? Kannst du nicht vernünftig am Tisch sitzen und essen? So eine Sauerei! Schau dich mal an!"
Jetzt mischte sich meine Mama ein: "Steffen,

ist doch gut jetzt. Sie ist doch noch ein kleines Mädchen."

Aus den Augenwinkeln sah ich zu meinem Vater. Sein Gesicht verzerrte sich zu einer wütenden Fratze. Meine Angst stieg ins Unermessliche. Schon sprang er auf, griff meine Mama in ihre langen Haare, riss ihr den Kopf hoch, sodass sie ihn ansehen musste: "Du wagst es …"
"Steffen, hör auf, du tust mir weh …", flehte Mama.
Er äffte sie nach: "… du tust mir weh …", und schon klatschte es. Erschrocken sah ich zu meinen Eltern. Meine Mama rieb sich ihre Wange, die ganz rot war. Er hatte ihr eine saftige Ohrfeige verpasst. Jetzt begann ich erst richtig zu weinen. "Mach, dass das Balg endlich aufhört zu flennen und vernünftig essen kann. Was bist du denn für eine Versagermutter, die ihrem Kind keine Manieren beibringen kann!?"
Dann ließ er sie endlich los, aber kam auf mich zu: "Und du mein Fräulein, du isst jetzt vernünftig deinen Teller leer und dann ist hier Ruhe! Ich habe auf Arbeit genug Stress, diese Scheiße hier brauche ich nicht auch noch."
Was hatte er jetzt erreicht? Ein weinendes, kleines Mädchen und eine weinende, zitternde Ehefrau. Herzlichen Glückwunsch.

Jedenfalls hatte er es geschafft, dass ich aus Angst alles aufgegessen habe. Ganz tapfer schluckte ich Bissen für Bissen herunter. Zum Glück war Mama eine gute Köchin.

Nach dem Essen badete mich meine Mutter, brachte mich ins Bett und las mir noch eine Geschichte vor. Ich liebte es. Meine geliebte Mama war ganz für mich da. Schnell schlief ich an diesem Abend ein, wurde aber durch lautes Schreien geweckt. Erst zog ich mir die Decke über den Kopf, doch es hörte nicht auf. Ich hatte Angst, trotzdem schlich ich mich mit klopfendem Herzen zum Lichtschalter, betätigte ihn mit zitternden Händen und öffnete leise meine Zimmertür. Ich sah Licht aus dem Wohnzimmer scheinen. Mein Vater brüllte und brüllte, Mama schrie schmerzhaft immer wieder auf. Schlug er sie? Den lauten Stimmen folgend war ich an der Tür zum Wohnzimmer. Ich war noch klein, aber ich wollte es wissen. So leise ich nur konnte, schob ich sie auf, zum Glück war die Tür nicht richtig zu. Ein schreckliches Bild bot sich mir. Papa schlug meine Mama immer wieder auf den Rücken und auf den Po. Sie lag zusammengekrümmt auf dem Sofa. Wegzuschauen war mir nicht möglich, wie erstarrt sah ich zu meinen Eltern. Mutig ging ich in das Zimmer und schrie: "Papa, hör auf, meiner Mama wehzutun." Er-

schrocken blickte er zu mir, auch meine Mama sah mich aus verheulten und schmerzverzerrten Augen an. Sofort kam er auf mich zu: "Was machst du hier mitten in der Nacht? Du hast zu schlafen um diese Zeit!" Seine Worte begleiteten ein paar Schläge auf meinen Po. "Ab, in dein Zimmer!", befahl er und ich gehorchte. Wieder in meinem Bett weinte ich bittere Tränen, aber es gab kein Schreien mehr in dieser Nacht. Meine arme, arme Mama, sie hat doch keine Prügel verdient, so lieb wie sie immer war.
Doch leider blieb es nicht bei dieser einen Nacht der Schläge. Mein Vater flippte immer öfter aus, er schlug meine Mama, aber immer so, dass niemand blaue Flecken sah. Schließlich arbeiteten beide bei der Sparkasse in unserer Stadt, da musste so etwas geheim bleiben. Was sollten denn die Leute sonst denken?

Mein Vater konnte jedenfalls perfekt verstecken, was er zu Hause seiner Familie antat. Kleine Kinder können sich in Situationen ganz schnell reinfinden. Wenn alles gut war, war ich fröhlich, wenn die Stimmung schlecht oder laut war zwischen meinen Eltern, hatte ich Angst. Oft hatte ich solche Angst, dass ich ins Bett pullerte. Meine Mama hatte Verständnis und tröstete mich, wenn ich weinte. Es sollte ein Geheimnis zwischen uns beiden bleiben.

Eines Morgens war mein Bett wieder nass. Mama war gerade dabei, es frisch zu beziehen, da stand er in der Tür. Erst sagte Papa nichts, bückte sich nur und fühlte die nasse Bettwäsche auf dem Boden. Sofort stellte sich Mama vor mich, er brüllte los: "Elisa, was ist das? Du hast nicht in dein Bett gemacht?" Mein Herz schlug mir bis zum Hals. Zögerlich und ängstlich nickte ich. "Steffen … Schatz …, ich mach das doch schon weg. Sei nicht so streng bitte." Wütend kam er auf uns zu, scheuerte meiner Mama eine rechts und eine links. Es war so heftig, dass sie auf den Boden sank. Er setzte sich auf mein Bett, packte mich und legte mich über seine Knie. Schläge, unbarmherzige Schläge prasselten auf meinen kleinen Po. Klatsch! Klatsch! Klatsch! Auf dem Boden weinte meine Mama, auf den Knien meines Vaters weinte ich. Schrecklich. Ich wollte das doch nicht. Ich wachte auf und das Bett war nass. Die Schuld vielleicht bei sich suchen, Herr Papa? Leider Fehlanzeige. Warum nahm er mich nicht auf seine Knie und spielte Hoppe Reiter? Hat er doch früher auch gemacht, das weiß ich noch. Leider war das lange vorbei. Ich konnte mich nur noch schwach daran erinnern.

Weinend beendete meine Mutter danach ihre Arbeit, ging in die Küche, um das Frühstück herzurichten. Kein Wort fiel am Tisch. Niemand sagte auch nur eine Silbe. Die Küchenuhr tickte vor sich hin. Die Zeit stand eben nie still, egal was auch passiert, die Uhr verkündet jede vergangene Sekunde, TICK TACK TICK TACK TICK TACK. Die Welt dreht sich weiter, was auch immer geschieht. Es war Samstag und ich brauchte somit nicht in den Kindergarten. Glück für Papa, dass niemand etwas sehen konnte.

Samstags bekamen wir oft Besuch oder gingen zu Freunden. Es wurde gegrillt, im Winter gefeiert oder Spieleabende veranstaltet. Meine Eltern waren perfekte Gastgeber und als Freunde sehr beliebt. Die netteste und höflichste Art, die mein Vater drauf hatte, ließ er bei solchen Abenden raushängen. Warum konnte er nicht immer so sein? Ein gut aussehender, höflicher und netter Mann? Ich kann seine Ausraster noch nicht einmal auf Alkohol schieben, denn er trank sehr wenig. Auch wenn wir Besuch hatten oder bei Freunden waren, war er nie betrunken. Ein einziges Mal habe ich erlebt, dass er total voll war, ich fand das superlustig. Er lallte etwas, musste lange im Bad bleiben, ich hörte ihn würgen, dann ging er in sein Bett. Er war nicht wütend, nicht böse oder gewalttätig. Am nächsten Tag ging es ihm richtig mies, Mama und ich machten

uns einen Spaß daraus und neckten ihn, ob er denn noch ein Bier möchte und so. Er lächelte uns sogar an, als wir ihr ihn foppten. Natürlich taten wir das nur kurz, weil er uns auch bald wieder böse anfunkelte.
Wo waren nur diese schönen Zeiten?
Von diesem Zeitpunkt an trank er manchmal nur ein Feierabendbier, das war es dann aber auch schon. Meine Mama trank bei Gelegenheiten nur ein oder zwei Gläser Wein, mehr mochte auch sie nicht.
Ich möchte das unbedingt sagen, denn alles, was später passierte, bezüglich meines Vaters, war nicht auf Alkoholkonsum zurückzuführen. Er war völlig klar bei seinen Taten.

Was waren die Nachmittage bei uns zu Hause schön. Wenn mich meine Mama aus dem Kindergarten holte, spielte ich in meinem Zimmer, Mama erledigte die Hausarbeit. Vor dem Abendessen spielte sie mit mir, bis Papa nach Hause kam. Er schälte sich erst mal aus seinem Anzug und zog sich bequeme Jogginghosen an. Natürlich waren auch die schick, immer nur Markensachen, so auch meine Mama. Papa setzte sich meistens zu uns und spielte mit. Nach dem Essen war die Badewanne angesagt, Papa spielte hoppe, hoppe Reiter mit mir oder kitzelte mich durch, bis ich kaum noch Luft bekam vor Lachen, Mama erzählte

mir dann im Bett eine Geschichte.
Im Sommer tobten meine Eltern mit mir in unserem Pool herum. Es war perfekt, soweit ich mich erinnern kann.
Wir flogen auch jedes Jahr in den Urlaub, es waren die herrlichsten Zeiten. Mein Papa war immer lieb, brüllte dort nie, meine Eltern gingen immer Hand in Hand, gaben sich Küsschen, mir natürlich auch. Wir bauten Sandburgen an Stränden, aßen leckeres Essen und freuten uns des Lebens.

Hätte ich geahnt, wie sich unser Leben entwickelt, hätte ich freiwillig einen Fön in die Wanne geworfen und mich somit aus dem Leben verbannt.

Die Ausraster meines Vaters häuften sich leider. Oft lag ich in den Nächten wach und hörte meine Eltern streiten, bis wieder das bekannte Klatschen ertönte. Ich wusste dann genau, dass meine Mama wieder geschlagen wurde. Am nächsten Morgen verlor niemand ein Wort darüber. Es war doch so schön zu Hause. Was passte ihm denn nicht? Ich verstand es nicht, verstehe es bis heute nicht.

Die Zeit verging trotzdem rasend schnell. Nur noch ein paar Tage bis zu meiner Einschulung. Ich freute mich riesig auf diesen Tag. Es sollte

eine Feier mit meinen Großeltern und allen Verwandten geben.
An diesem Morgen frisierte Mama meine langen Haare. Sie band die Seiten zu einem kleinen Zopf am Hinterkopf, der Rest blieb offen und seidig glänzend über meinen Schultern. Ich trug ein schickes, rotes Kleidchen, meine Mama ein rotes Kostüm und mein Papa einen Anzug und Krawatte. Meine Eltern stritten an diesem Morgen nicht, alles war ruhig und es herrschte eine fröhliche Stimmung.
“Na, mein Mäuschen, jetzt bist du ja schon ein großes Mädchen. Bald kannst du schreiben, lesen und rechnen”, lachte mich Papa an.
“Jaaaaa …” freute ich mich. “Und ich kriege eine groooooße Zuckertüte …”, trällerte ich.
“Mal sehen, ob du eine Zuckertüte bekommst”, foppte er mich. Mama lachte.

Dieser Tag war unbeschwert und toll. Das Wetter zeigte sich von seiner besten Seite. Meine Zuckertüte war wirklich groß, Papa musste sie mir später abnehmen, weil ich sie nicht mehr tragen konnte. Mein Schulranzen war schick und meine Eltern waren fröhlich. Was wollte ich noch mehr? Die Party war auch schön und ausgelassen. Es gab noch viele Geschenke für mich. Meine Eltern hatten das Abendessen bei einer Catering-Firma bestellt. Es war köstlich. Wir Kinder durften im Pool toben, weil es so schön warm war.

Völlig erledigt von den Ereignissen dieses Tages, aber glücklich, wie ein kleines Mädchen nur sein kann, schlief ich schnell ein.

An meinem ersten Schultag freundete ich mich gleich mit zwei Mädchen an. Wir alberten in Pausen herum oder spielten Fangen und Verstecken. Die Zeit verging wie im Flug, ich lernte sehr gern und war stolz über jeden neuen Buchstaben, den ich schreiben konnte. Ich freute mich immer schon, es abends meinen Eltern zeigen zu können. Sie freuten sich, dass ich so gut in der Schule mitkam. Mein erstes und zweites Schuljahr gingen wie im Flug vorbei, wenn ich jetzt zurückdenke. Als Kind ist ja ein Jahr eine Ewigkeit, aber wenn man zurückdenkt, ging alles schnell und die Zeit raste eigentlich.

Kindergeburtstage waren immer top organisiert von meinen Eltern. Es durften so viele Kinder kommen, wie ich es wollte. Meistens waren wir sieben Kinder. Es gab Torte mit Kerzen, viele Luftballons waren angebracht im Haus und auf der Terrasse, Papa grillte und bei unseren Spielen alberten meine Eltern mit uns zusammen herum. Wir tobten im Garten, im Pool und im Baumhaus. Es war die perfekte

Kinderwelt.
Eigentlich …
Ich war neun Jahre alt und ging in die dritte Klasse. Immer noch war ich eine der besten Schülerinnen. Ich lernte gern und leicht. Viel üben brauchte ich zu Hause nicht, nahm alles schon in der Schule auf und setzte es um. Mein Lieblingsfach war Mathematik. Ich liebte Zahlen und Rechnen.
Papa sagte immer, wenn meine Leistungen in Mathe so gut blieben, würde ich mal eine Ausbildung bei der Bank absolvieren und gutes Geld verdienen. Ich freute mich. "Ja, das wäre schön, dann können wir alle drei zusammenarbeiten", sinnierte ich fröhlich. Meine Eltern lachten. "Na, dann streng dich weiter schön an", lachte Mama. Das wollte ich tun.

Kurz vor meiner Geburtstagsparty zu meinem zehnten Geburtstag wurde ich wach vom Schreien meiner Mama. Erst konnte ich es nicht deuten, weil ich noch ganz verschlafen war. Es war mitten in der Nacht. Dann hörte ich es ganz deutlich: "Hör auf … bitte hör endlich auf …" Mein Vater schien meine Mutter zu schlagen. Nein, bitte nicht, bitte lass es nicht wahr sein. Sofort schossen Erinnerungen in mein Gehirn. Ich sprang aus dem Bett, raste den Stimmen nach, die dieses Mal aus dem Schlafzimmer kamen.

Vorsichtig und mit rasendem Herzen öffnete ich die Tür und sah meinen Vater, wie er gerade meiner Mutter in den Bauch boxte. Alte Bilder vermischten sich mit der Gegenwart. Ich zitterte am ganzen Körper. Keine Silbe kam über meine Lippen, erstarrt zur Salzsäure stand ich in der Tür. Da sah er mich. Er ließ von Mama ab und schrie mich an: "Was machst du hier? Ab in dein Bett!" Ich wollte auch am liebsten in mein Zimmer rennen, doch mein Körper gehorchte mir nicht. Zu keiner Bewegung war ich fähig. Da kam er auf mich zu, packte mich fest am Arm, dass es wehtat, haute mir kräftig auf den Po und schleuderte mich aus dem Zimmer. Ich flog in den Flur und blieb auf dem Boden liegen. Endlich löste sich die Starre, ich rannte in mein Zimmer und weinte bitterliche Tränen in mein Kissen. Zumindest war es jetzt wieder ruhig bei meinen Eltern. Trotzdem verstand ich die Welt nicht mehr. Warum war er wieder so furchtbar? Er schleuderte mich wie einen Gegenstand durch den Flur? Verliert er immer mehr die Beherrschung?

Am nächsten Nachmittag fragte ich meine Mama: "Warum ist der Papa denn manchmal so böse zu uns? Was machst du oder mache ich falsch? Liebt er uns denn nicht mehr?", fragte ich schluchzend.

Mama nahm mich fest in ihre Arme, streichelte meinen Kopf: “Doch, der Papa liebt uns, Elisa. Er hat nur schrecklich viel um die Ohren und viel Verantwortung, da reicht manchmal ein falsches Wort und er kann sich dann nicht beherrschen.” Sie nahm mein Gesicht in ihre Hände, sodass ich sie ansehen musste: “Aber glaub mir, dein Papa liebt dich über alles. Du bist sein Sonnenschein.”
“Und dich liebt er nicht mehr?”
“Doch, mich liebt er auch. Es wird bestimmt ganz schnell wieder besser.”
Wir haben gar nicht mitbekommen, dass Papa schon in der Küchentür stand. Mit offenem Mund stand er da und sah uns an. Ängstlich sahen wir zu ihm. Als er zu uns kam, zuckte ich sofort zusammen, Mama machte große Augen vor Angst. Er ging in die Hocke und streichelte meinen Kopf: “Aber natürlich liebe ich euch. Du, Elisa bist das Wichtigste für mich und deine Mama auch. Wir sind doch eine Familie und haben es so schön zu Hause. Es tut mir leid, wenn ich ausraste, ich weiß nicht, warum …”, seine Stimme brach. Er schien wirklich zu bereuen. Mama streichelte über seine Haare: “Steffen, das muss aufhören, sieh dir die Kleine an, es nimmt sie total mit und mich auch. Deine Schläge gehen überhaupt nicht und wir haben das auch nicht verdient.”

“Ich weiß, Schatz … ich weiß.” Mehr sagte er nicht.
“Wollen wir uns heute eine Pizza zum Abendessen bestellen? Dann brauchst du nicht zu kochen?”
Bevor meine Mama antworten konnte, lachte ich schon wieder: “Jaaaa, das machen wir, oder Mama?”
Sie traute dem Braten noch nicht wirklich, sah ihn ängstlich an. “Tina, ich liebe dich, bitte glaub mir das.” Mama nickte kurz, dann wurde Pizza bestellt. Meine Mama hieß Valentina, sie hasste diesen Namen, deshalb wollte sie nur Tina genannt werden.
In der Nacht die Hölle und am nächsten Abend war wieder alles perfekt. Ich wünschte mir so sehr und von ganzem Herzen, dass mein Papa uns wirklich noch liebte und er sich endlich mehr im Griff haben würde.

Ich irrte mich auf schreckliche Weise.

Wenn sich meine Eltern stritten und ich es klatschen hörte, stand ich nicht mehr auf. Es war auch mittlerweile so, dass es nicht nur nachts war, wenn mein Vater ausrastete. Es konnte am Wochenende morgens, mittags oder abends sein. Nur in der Woche war es nachts. Die Abstände wurden kürzer, dann war wieder alles gut, bis es bei nächster Gelegenheit wieder von vorn los ging. Es blieb auch nicht bei Schlägen gegenüber meiner Mama. Mich schlug er nicht mehr, aber sie und das war nicht alles. Er beleidigte sie manchmal so richtig schlimm. Mir tat sie so unendlich leid. Meine Mama war so eine hübsche und liebevolle Frau und er machte sie nur klein oder prügelte sie. Wie kann man nur so sein? Doch was sollte ich tun? Ich konnte nichts dagegen machen. Also versuchte ich zu akzeptieren, dass es bei uns so war.

Und kein Wort zu Mama!

Ich ging in die vierte Klasse, nächstes Jahr sollte ich auf das Gymnasium wechseln. Meine beste Freundin ebenso. Ich freute mich darauf. Meine Leistungen waren immer noch die besten, auch wenn es zu Hause nicht mehr so toll war. Mathematik war immer noch mein Lieblingsfach, aber alle anderen Fächer fielen mir auch leicht, außer Kunst. Damit hatte ich es überhaupt nicht. Es war wie eine Strafe für mich, wenn wir etwas gestalten oder zeichnen sollten. Ich konnte es einfach nicht. Aber egal, muss man ja auch nicht können. Darauf kam es im Leben ja nicht an. Ich schaffte immer gerade ein “Befriedigend” in diesem Fach, dafür aber in allen anderen Fächern “Gut” bis “Sehr gut”. Englisch war auch eins meiner Lieblingsfächer.

An diesem Tag lernte ich Vokabeln, meine Mama hatte nach ihrer Arbeit noch einen Frisörtermin, sodass ich mit Papa zwei Stunden allein war. Sie hatte am Tag vorher Suppe gekocht, die reichte für heute Abend noch mal. Als er nach Hause kam, rief er nur: “Hallo Elisa, ich bin da.“
“Jaha”, rief ich zurück. Schon stand er in der Tür:

“Was machst du Schönes?”
“Vokabeln lernen.“
“O. k., dann lerne fleißig weiter.”
Ich sah ihn mit rollenden Augen an, das hasste er. Deshalb tat ich es gerade, um ihn zu provozieren, mich zu kitzeln. Auch wenn er so böse sein konnte, wirkliche Angst, dass er mich schlagen würde, hatte ich nur bedingt. In diesem Moment hatte ich keine. Er lächelte, war freundlich und scheinbar guter Laune. Also, wovor sollte ich Angst haben?

Eine halbe Stunde später kam er wieder in mein Zimmer bis zu meinem Schreibtisch. Er stand hinter mir und massierte meinen Nacken. Das tat so gut, ich lehnte mich zurück und genoss das schöne Gefühl.
“Gefällt dir das?”, fragte er leise.
“Ja.”
“Dann komm mal auf dein Bett, dann kann ich deinen ganzen Rücken massieren.”
Ich drehte mich mit meinem Schreibtischstuhl zu ihm um.
“Echt jetzt, du würdest meinen Rücken massieren?”
“Na klar, gern, Mäuschen.”
Das ließ ich mir nicht zweimal sagen. Wer hatte denn eine Rückenmassage nicht gern?
“Du musst dein T-Shirt ausziehen.”
“Ja klar, hätte ich auch selbst draufkommen

können", lachte ich. Wow, tat das gut. Ich genoss diese Massage in vollen Zügen. Plötzlich verlangte er von mir, dass ich mich auf den Rücken drehe.
"Du wolltest mir doch nur den Rücken massieren", fragte ich ahnungslos.
"Ja, aber eine Bauchmassage tut auch gut", schmunzelte er. Es kam mir komisch vor, aber ich tat, was er sagte, drehte mich auf den Rücken. Er massierte meinen Bauch, Papa hatte recht, das tat auch richtig gut. Was er dann tat, ließ meine Kinderwelt erschüttern. Völlig unerwartet und ohne Worte zog er meine Jogginghose herunter, streichelte meinen Schamhügel und wanderte immer tiefer. Er schob einen Finger unter meinen Slip und streichelte meine intimste Stelle. Bevor ich mich versah, war ein zweiter Finger an der Stelle. Einen davon steckte er in mich rein. Ich schrie auf vor Schmerzen. Bis dahin lag ich ganz still, ich war total erstarrt vor Schreck, doch jetzt schrie ich: "Hör auf, Papa, ich … will …"
"Psssst. Halt einfach deinen Mund und genieße!"
Ich soll genießen? Ich will das doch nicht. Es tut mir weh. Das machen Papas nicht, das ist ekelig.
"Hör auf!"
Jetzt wurde er sauer. "Du tust genau das, was sich dir sage, o. k.? Und ich sage, halt jetzt

deinen Mund. Ich mache nichts Schlimmes, ich zeige dir nur, wie lieb ich dich habe, Mäuschen."

Bei seinen Worten bewegte sich sein Finger in mir hin und her. Es tat so unbeschreiblich weh. Ich sagte nichts mehr, hoffte nur, dass es schnell vorbeigehen würde. Aus den Augenwinkeln sah ich, dass die andere Hand in seiner Hose war und sich hektisch bewegte. Der Finger in mir wurde auch immer schneller, er stöhnte immer lauter. Dann wurde er still und zuckte nur noch. Ich wusste nicht, wie mir geschah, empfand nur unendlichen Ekel, vor ihm und vor mir. Endlich war seine Hand nicht mehr zwischen meinen Beinen und sein Finger nicht mehr in mir. Was passierte hier? Warum tut er mir das an? Ich war alt genug zu wissen, dass sein Handeln völlig falsch war. Geschockt sagte ich keinen Ton, trotzdem drohte er mir.
"Kein Wort, Elisa, kein Wort zu deiner Mutter oder zu irgend jemandem. Das bleibt unser Geheimnis und glaub mir, ich habe Mittel und Wege, dass du nicht reden wirst. Glauben würde dir sowieso niemand."
Was sagte er da? Mittel und Wege? Klar, er meint Prügel. Mein Gott, das kann doch jetzt nicht wahr sein.
"Versprich mir, dass du nichts sagen wirst."

Ich sagte keinen Ton. Er wurde ungehaltener. “Mach, was ich dir sage!”, dabei schüttelte er mich an den Schultern. Sein fester Griff tat weh.
“Ich sage keinem etwas”, versprach ich ihm.
“Braves Mädchen”, er streichelte meine Wange und ging.
ENDLICH! Er war weg. Absolut geschockt und total beschämt lag ich auf meinem Bett. Ich traute mich nicht, die kleinste Bewegung zu machen. Meine Scheide brannte wie Feuer von seinem Finger. Ich war doch erst zehn Jahre alt!

Von nun an hatte ich nur noch panische Angst vor meinem Vater. Ich hoffte inständig, dass so etwas nie wieder passieren würde, doch es passierte wieder und es wurde schlimmer. Er wurde fordernder und ging immer einen Schritt weiter. Artig tat ich alles, was er verlangte. Ich hatte solche Angst vor ihm. Er drohte mir, sollte ich das nicht tun, würde meine Mama ihre Abreibung dafür bekommen. Das wollte ich auf keinen Fall. Meine Mama sollte nicht verprügelt werden, nur weil ich nicht funktionierte. Das ging überhaupt nicht. Also tat ich alles, was er wollte. Ich musste sein ekeliges Ding reiben, bis das Zeug herauskam. Er wurde immer schlimmer. Ich trug mittlerweile nur noch lange und ausgeleierte

Schlafanzüge, meine Decke fest um mich gewickelt. Es half alles null.
Wenn Mama fest schlief, kam er zu mir. Zweimal in der Woche. Heute setzte er sich auf mein Bett und rüttelte mich wach. Mit großen Augen sah er mich an. Ich wollte so gern einfach nur weiterschlafen.
“Steh auf und knie dich vor mich!”
“Was?”
“Du hast mich schon verstanden. Steh auf und knie dich vor mich!”
Ich tat wie mir geheißen, mein Herz sprang fast aus meiner Brust, so sehr raste es vor Angst.
Er holte sein steifes Ding heraus: “Nimm ihn in den Mund!”
Erschrocken sah ich zu ihm auf: “Nein, das mache ich nicht, das ist ekelig.”
“Doch, du nimmst ihn in den Mund und lutschst ein bisschen daran herum. Das ist nichts Schlimmes.”
Wie sollte das große Ding in meinen kleinen Mund passen?
Ich tat es nicht und schüttelte immer wieder den Kopf:
“Papa, nein … bitte … nicht.“ Tränen kullerten über meine Wangen.
Da packte er mich im Genick und drückte meinen Kopf in seinen Schritt, stopfte mir seinen Penis in den Mund und schob ihn vor und

zurück. Das Atmen fiel mir immer schwerer, ich würgte, doch er kannte kein Pardon. Im Gegenteil, er befahl mir:
“Schließ deine Lippen fest um ihn und sauge und lecke, kleine Maus.“

Ich tat, was er wollte, obwohl ich würgen musste. Er stieß einfach zu tief in meinen Mund, immer mehr an mein Rachenzäpfchen. Ich kniff meine Augen zu und versuchte, an etwas Schönes zu denken. An den letzten Urlaub? Was haben wir da für schöne Dinge gemacht? Wie schön bauten wir die tollsten Sandburgen, wir waren so fröhlich. Es gelang mir aber leider nur kurz. Es war zu schlimm, was er mir antat. Ich konnte mich nicht wegdenken. Er wurde schneller, stöhnte abgehackt, dann verschwand endlich sein Ding aus meinem Mund und ich bekam wieder richtig Luft. Er nahm meine Hand, führte sie in seinen Schritt: “Reibe ihn noch, bis ich komme.“
‘Hä? Bis ich komme? Meint er das weiße Zeug? Ja natürlich, was denn sonst’, dachte ich kurz, dann schoss das Zeug auch schon zwischen meine Finger. Wie ich mich jedes Mal davor ekelte. Es war schleimig und roch furchtbar. Hier und jetzt konnte ich nicht mehr. Ich sprang auf und rannte ins Bad. Geradeso schaffte ich es noch, den Toilettendeckel hochzuheben, warf mich auf die Knie und

kotzte den Ekel heraus, so dachte ich. Doch leider passierte das nicht. Ich erbrach mich richtig heftig, aber den Ekel konnte ich nicht ausspucken, der war in mir. Am liebsten hätte ich meine Seele mit ausgespuckt. Als ich zitternd in mein Zimmer zurückkam, war er weg. Erst in meinem Bett ließ das Zittern etwas nach, doch die Übelkeit blieb.
Geschlafen habe ich sehr schlecht, unruhig und mit schlechten Träumen. In Ruhe einschlafen war mir nicht mehr vergönnt. Jedes Geräusch nachts im Haus ließ mich aufschrecken. Er könnte jeden Moment wieder hier sein und diese fürchterlichen Dinge mit mir machen.

Ich träumte immer wieder den gleichen Traum. In einem Waldweg stehe ich, ein paar Schritte von mir entfernt ist meine Mama. Schnell möchte ich zu ihr gehen und renne und renne. Doch es ist, als hätte ich ein Gummiband um meinen Bauch und von hinten zog jemand daran. Ich kam nicht von der Stelle. Wie ich mich auch anstrengte und lief, kein Vorankommen. Hinter Mama tauchte eine schwarze Gestalt auf mit einer Kapuze auf dem Kopf, ein komplett weißes Gesicht, sodass ich nicht erkennen konnte, wer es war. Panisch schreckte ich jedes Mal aus diesem Traum auf.

Er kam wieder nachts. Verlangte von mir, mich nackt auszuziehen, er tat dasselbe. Er streichelte mich überall, wie Nadelstiche fühlten sich die Finger meines Vaters an. Was hatte er vor? Er küsste mein Gesicht überall, meinen Hals und knetete meine kleinen Brüste, die noch gar keine waren. Ich schämte mich so sehr. Seine Hand wanderte tiefer und wieder war ein Finger in mir, dann noch einer. Es tat so weh! So schrecklich weh! Ihm war es aber nicht mehr genug. Plötzlich legte er sich auf mich, er war so schwer. Ich war ein zierliches Mädchen, er war ein großer, kräftiger Mann. Mir blieb die Luft weg, sein Gewicht erdrückte mich fast. Mit einer Hand spreizte er meine Beine, sodass sein steifer Penis an meiner Scheide rieb. Er bewegte sich hin und her, bis er wieder komisch zuckte und stöhnte. Sein ganzes Zeug verteilte sich an meinem Unterleib und sickerte in mein Bettlaken.
“Das war schön, Elisa. Du bist richtig gut”, sagte er gemein und verschwand.
Ich rannte wieder ins Bad und erbrach mich. Danach ging ich in die Wanne. Mir war egal, ob Mama mich hören würde oder nicht. Ich musste irgendwie den Ekel abwaschen. So heiß es ging, ließ ich das Wasser laufen und wusch mich wie besessen zwischen den Beinen. Alles wusch ich wieder und wieder, bis meine Haut ganz rot war. Erst in meinem Bett

vergoss ich unzählige Tränen. Ich verstand einfach nicht, warum er mir so schreckliche Sachen antat. Er sagte immer, das ist Liebe und Papas machen das so. Es war keine Liebe, Papas machen so was nicht. Oder lag ich vielleicht falsch? Irrte ich mich?

Als er eines Nachts versuchte, mit seinem steifen Penis in mich einzudringen, brach ich endgültig seelisch zusammen. Zum Glück ging es nicht, weil ich mich total verkrampfte, aber er wäre den letzten Schritt gegangen. Allein schon diese Tatsache entsetzte und verstörte mich.

In der Schule zog ich mich von meinen Freundinnen zurück. Sie verstanden nicht, was mit mir los war, ich konnte es ihnen doch nicht sagen. Meine beste Freundin wollte immer wieder mit mir reden: "Was ist denn jetzt immer los mit dir? Du warst doch sonst nicht so. Wir hatten immer so viel Spaß zusammen."

Ich zuckte mit den Schultern: "Keine Ahnung, ist halt so." Mehr sagte ich nicht. "Elisa, rede doch mit mir, lass uns wieder Spaß haben. Kann ich dir irgendwie helfen?"
"Man, du gehst mir auf den Geist. Lass mich doch einfach in Ruhe." Verblüfft sah sie mich an. Sofort tat sie mir leid, dass ich sie so ange-

fahren hatte. “Sorry, Melina, es tut mir leid. Bin eben nicht gut drauf.”
“Ja, das merke ich, das bist du schon lange nicht mehr.”
Jetzt war es mir zu viel: “Dann lass mich doch in Ruhe. Du musst dich ja nicht mit mir abgeben!”

Verstört schaute sie mich an, dann zog sie beleidigt ab. Heute verstehe ich sie natürlich. Was hätte sie auch sonst tun sollen? Doch zu dieser Zeit hatte ich andere Sorgen. Ich hatte Angst vor jeder verdammten Nacht. Ich wusste nie, wann er kommt. Mal eine gewisse Zeit gar nicht, dann häufiger. Es wechselte immer aufs Neue. Ich konnte mich auf nichts einstellen.

Trotz allem hatte ich immer noch Bestnoten in der Schule, aber mündlich arbeitete ich nicht mehr mit. Den Lehrern fiel natürlich auf, dass ich mich zurückzog und nicht mehr das fröhliche Mädchen war. Meine Klassenlehrerin sprach mich darauf an: “Elisa, kann ich dir helfen? Was ist los mit dir? Wo ist meine fröhliche Schülerin hin?” Aufmunternd lächelte sie mich an. Ich sagte nur: “Es ist alles o. k. Bin nur zur Zeit schlecht drauf.”
“O. k., dann glaube ich dir das mal, vielleicht ist es die Pubertät, da spielen die Hormone schon mal verrückt. Aber wenn du Probleme

hast, dann kannst du jederzeit mit mir reden, o. k., Elisa?"
Ich nickte: "Kann ich jetzt gehen?"
"Ja selbstverständlich, ist ja kein Knast hier."
Als ob ich über das Unaussprechliche reden könnte, dann noch mit meiner Lehrerin. Mein Gott!

Meine Mutter sprach mich auch immer häufiger an, warum ich so blass und still geworden bin. Sie dachte, ich hätte Ärger in der Schule und in diesem Glauben ließ ich sie.
"Ja, Melina und ich haben uns gestritten, irgendwie klappt es nicht mehr wirklich zwischen uns."
"Du hast doch auch noch andere Freundinnen, Mäuschen. Du gehst fast nicht mehr raus, die Mädchen kommen mehr als selten zu uns. Draußen ist so schönes Wetter. Wollen wir am Samstag eine Poolparty machen? Du lädst ein, wen du möchtest? Vielleicht grillt der Papa sogar?" Tränen stiegen in meine Augen. 'Jetzt bitte nicht weinen', doch ich konnte es nicht verhindern. Ich warf mich in Mamas Arme und weinte. Sie hielt mich ganz fest und streichelte über meinen Rücken und meinen Kopf.
"Ach Mäuschen, was ist denn nur los mit dir"?
Ich sagte nichts. Als ich mich beruhigt hatte, sah ich sie an:
"O. k., Poolparty ist eine gute Idee. Melina soll

unbedingt auch kommen. Ich habe sich doch eigentlich so gern.”
“Prima, dann machen wir das. Du musst mir nur sagen, wie viele es werden.”
“Vier Freundinnen?”, frage ich.
“Gut, dann besprechen wir das nachher mit Papa.“
Mein Vater war einverstanden und wollte auch grillen.
“Na klar machen wir das, Elisa. Habt richtig Spaß”.
So konnte er auch sein, dann liebte ich ihn, für das Andere, das Unaussprechliche noch für mich, hasste ich ihn. Ich war innerlich total zerrissen.

Die Poolparty wurde trotz allem superschön. Meine Eltern verstanden sich gut, ausgelassen tobten wir im Wasser, es war heiß an diesem Tag. Völlig unbeschwert konnte ich aber nicht sein. Würde er einen Preis für diesen schönen Tag von mir verlangen? Fast sicher war ich mir, dass es so kommen konnte. Ich versuchte, mir nichts anmerken zu lassen, aber in mir war alles dunkel. Die fröhliche Fassade beherrschte ich perfekt. Mein Vater zauberte fünf Wasserpistolen hervor, damit bespritzten wir uns und auch meine Eltern. Es war lustig, wie sie den Wasserstrahlen auswichen, trotzdem wurden sie pitschnass. So wie sie waren, sprangen sie

zu uns in den Pool. Wir tobten ausgelassen herum. Hungrig stürzten wir uns später auf die Grillwürstchen, die Steaks und Mamas Salat. Melina sagte beim Abschied: "Das war super bei dir. Fast wie sonst auch immer. Nur manchmal wirst du auf einmal ganz still".
"Ach, Melli, lass mich doch einfach so sein, wie ich bin, o. k?"
"Ich bin für dich da, wenn du mich brauchst, Elli, o. k.?"
So nannten wir uns oft, Melli und Elli.
"Danke, ich weiß", flüsterte ich, damit verabschiedeten wir uns. Fröhlich verabschiedeten sich auch meine anderen Freundinnen, meine Eltern und ich räumten auf.

Ich war müde und verzog mich zeitig in mein Bett. Schnell schlief ich ein. Albträume plagten mich seit Monaten. Es war schrecklich.
In dieser Nacht wurde ich wieder wachgerüttelt von meinem Vater. Wusste ich's doch! Erst musste ich ihn oral befriedigen, dann legte er sich auf mich und rieb sein Ding zwischen meinen Beinen, bis das schleimige Zeug rauskam. Er versuchte wieder, in mich einzudringen, was zum Glück nicht klappte. Wütend sagte er: "Beim nächsten Mal machst du dich locker. Ich bringe dann Gleitcreme mit, dann tut es dir nicht weh."
Seine Worte schlugen wie ein Gewitter in

mich ein. Gleitcreme? Braucht man so etwas und warum? Er wollte wirklich bis zum Äußersten gehen? NEIN! NEIN! NEIN! Ich konnte nicht mehr. Ich wollte nicht mehr.

Mein Vater trieb sein Spielchen weiter, bis ich dreizehn Jahre alt war. Ich ertrug ihn kaum noch in meiner Nähe. Beim Essen hätte ich auf den Tisch kotzen können, nur weil er da saß. Wenn mich keiner ansprach, sagte ich keinen Ton. Das war früher anders. Ich konnte plappern wie ein Wasserfall. Das war vorbei, Papa hat es mir genommen. Völlig unvermittelt fing ich an, am ganzen Körper zu zittern. Die pure Angst kroch in mir hoch. Ich weinte und zitterte. Wie lange soll das noch gehen? Bis ich volljährig bin oder irgendwann ausziehe? Das sind noch Jahre. Nein, das schaffe ich nicht. In dieser Nacht bekam ich kein Auge mehr zu.
Ein paar Tage später wachte ich morgens auf, mein Bettlaken war blutig, mein Unterleib verkrampfte sich immer wieder. Ich bekam meine erste Regelblutung. Ab jetzt könnte ich schwanger werden. Papa musste endlich aufhören, mir so weh zu tun. Wenn er wirklich zum Äußersten gehen würde, könnte ich schwanger werden. Oh mein Gott! Ich wusste über Verhütung und wie man schwanger wird Bescheid, aber wozu war er fähig? Ich war trotzdem immer noch ein Kind, ein ängstliches

und in dieser Hinsicht nicht mehr rational denkendes Kind. Ich konnte es nicht mehr ertragen.

Vor der Schule war ich immer mit Mama allein. Sie musste später zur Arbeit als mein Vater. Als ich an diesem Morgen in die Küche kam, sah sie mich erschrocken an:
“Wie siehst du denn aus, Elisa? Hast du die ganze Nacht geweint?”
“Ich habe meine Regel bekommen”, flüsterte ich.
Mama lächelte mich aufmunternd an: “Ach so, das ist doch kein Problem”. Sie gab mir Binden, zeigte mir im Bad, wie sie diese aufbewahrte und tröstete mich. “Jetzt ist wohl die Zeit gekommen, in der ich dich aufklären muss, Mäuschen.”
“Nein Mama, das brauchst du nicht.”
“Nein?”
“Nein, haben wir schon in Bio durchgenommen und wir Mädchen unterhalten uns auch über so etwas.”

Mama seufzte: “Ihr seid heutzutage schon so viel weiter, als wir es damals waren. Obwohl ich auch nicht von gestern bin und so alt nun auch noch nicht”, lachte sie. Weiter fuhr sie fort: “Alles halb so schlimm, Mäuschen. Da müssen wir Frauen durch.”

Ich konnte sie nur anschauen und weinen. Es sprudelte plötzlich aus mir heraus: “Ich … kann … nicht mehr … Mama”.
“Was kannst du nicht mehr?”
Hemmungslos weinte ich jetzt Sturzbäche an Tränen. Es dauerte lange, bis ich wieder sprechen konnte: “Schschschsch … Mäuschen, was kannst du denn nicht mehr?”
“Versprichst du mir, nichts … zu sagen …?”, schluchzte ich verzweifelt.
“Elisa, du sprichst in Rätseln, sag mir einfach, was los ist.”
“Sagst du Papa nichts?”, weinte ich wieder.
“Nein, ich sage nichts.”
“Versprochen?”
Sie nickte.
“Der Papa … er … fasst … mich an. Ich muss … sein …”, ich konnte gar nicht weiter reden, ich weinte wie ein Baby.
Mama flüsterte: “Was tut er?”
“Ich muss … seinen Pimmel … in den Mund … nehmen, er legt sich auf mich, will es wie Mann … und … Frau, steckt … seine Finger … in mich … rein. Ich wollte nichts sagen, weil er dich … sonst … verprügelt, Mama”, meine Schluchzer verschluckten manche Worte.
Kein Ton kam mehr von meiner Mutter. “Er hat gedroht, dich noch mehr zu verprügeln, wenn ich es dir sage.”

“Dieses Schwein … dieses elendige Mistschwein”, flüsterte Mama zitternd mit großen Augen.
“Jetzt habe ich meine Regel … wenn ich nun schwanger werde? … Ich weiß doch … nicht … wie weit … er noch geht”, wimmerte ich nur noch.
Sie zog mich fest in ihre Arme, hielt mich ganz fest. Ich glaube, sie stand so unter Schock, dass sie nicht eine Träne vergießen konnte.
“Glaubst du mir denn überhaupt?”, fragte ich unsicher.
“Ja natürlich, so etwas Schreckliches denkst du dir doch nicht aus.”
Ich war so dankbar, dass sie mir glaubte, auch wenn es kaum vorstellbar war, dass ein Vater seinem Kind so etwas Schlimmes antat. Ihr Mann? Der Vater ihrer geliebten Tochter? Sie hatte keine Farbe mehr im Gesicht. Nach einer gefühlten Ewigkeit sprach Mama wieder: “Du musst keine Angst mehr haben, Mäuschen, ich werde dich beschützen, versprochen.”

Wie gern hätte ich ihr geglaubt, hatte sie doch aber selbst furchtbar zu leiden unter seinen Prügelattacken. Ob er ihr sexuell auch Gewalt antat? Ich fragte sie danach, aber sie verneinte. Es tat so gut, endlich mit diesem schrecklichen Geheimnis nicht mehr allein zu sein.

Von diesem Tag an veränderte sich meine Mutter.

In der Nacht wurde ich von lautem Poltern geweckt. Meine Eltern brüllten sich an. Auch Mama schrie meinen Vater an, was sehr ungewöhnlich war.
“Du Dreckschwein missbrauchst deine eigene Tochter? Was … bist … du …” Klatsch. Doch sie wurde nicht ruhig.
“Prügeln und missbrauchen? Ist das alles, was du kannst? Wow, das macht einen Mann aus. Gratuliere.“
Mein Vater vergaß sich total. Er schrie: “So was traust du Miststück mir zu? Das ist unglaublich. Ich bin kein pädophiles Schwein.”
“Doch das bist du, genau das bist du”, schrie sie zurück.
“Ich glaube meinem Kind und ich werde nicht weiter den Mund halten.”
“Oh doch, das wirst du, sonst stopfe ich dir dein Schandmaul. Ich habe Elisa nicht angefasst.”
“Doch, das hast du …”, jetzt klatschte es nur noch. Mama sagte nichts mehr, sie schrie auch nicht. Er prügelte auf sie ein, sie ertrug es stumm. Schrecklich.

Meine Gedanken waren komischerweise, dass wir übermorgen nach Teneriffa in den Urlaub

fliegen wollten. So was Banales ging mir durch den Kopf. Hoffentlich hat er nicht auf ihr Gesicht eingeschlagen, denn so schlimm wie heute war es noch nie. Dass meine Mama nicht schrie, machte mir Angst. Hatte er sie totgeschlagen? Trat er auf sie ein, bis sie sich nicht mehr rührte? Während ich noch zitterte und grübelte, riss er meine Tür auf, wütend kam er auf mich zu. Ich rollte mich zusammen und legte schützend meine Arme über meinen Kopf. Ich rechnete jeden Moment mit Schlägen. Doch es kam nichts. Er brüllte mich an: "Hör auf, so eine Scheiße zu erzählen, Elisa!" Er griff in meine langen Haare und zog mich hoch. Dann boxte er mir zweimal in den Bauch. Der Schmerz war extrem, sodass ich kaum noch Luft bekam. Ich krümmte mich zusammen und hechelte wie ein Fisch auf dem Trockenen. Mein Bauch wurde blitzeblau und blühte dann in allen Farben in den nächsten Tagen. "Nie wieder erzählst du etwas! Verstehst du? Nie wieder!"
Voller Angst nickte ich, damit verschwand er.

Als ich am nächsten Morgen aus dem Bett krabbelte, es war ein Sonntag, hörte ich meine Eltern schon aus der Küche. Mein Bauch tat so weh von seinen Schlägen, trotzdem ging ich in die Küche. Es war Mama: "Schau mich an, das hast du aus mir gemacht. Prügeln, mehr ist

nicht mehr zwischen uns?"
"Lass mich in Ruhe!", giftete er sie an.
"Nein, lass ich nicht. Solltest du noch einmal Elisa anfassen oder ihr wehtun, in welcher Form auch immer, zeige ich dich an, das schwöre ich dir!"
"Du willst mich anzeigen? Du …? Du bist meine Frau, das machst du nicht …"
"Oh doch, das werde ich. Nie wieder legst du Hand an deine Tochter, du Schwein! Glaub mir, ich mache dich fertig."
Im selben Moment raste er mit erhobener Hand auf Mama zu, doch sie sah ihn nur mit leeren Augen an: "Ja, schlag zu, das kannst du besonders gut." Ich rannte zu ihr und schlang die Arme um Mama. War es ihr Mut der Verzweiflung Er tat ihr so oft weh, aber ihrem Kind? Ihrem Ein und Alles? Ihrem Baby? Mütter können zu Löwinnen werden, wenn ihren Kindern schlimme Gefahr droht. So auch meine geliebte Mama.
"Lass sie doch in Ruhe, Papa, wir müssen doch noch unsere Koffer packen für morgen." Was redete ich denn da für einen Mist? In schrecklichen Situationen sagt man manchmal wirklich die unbedeutendsten Dinge.
"Ja, zum Urlaub bezahlen bin ich wieder gut genug, oder?", fluchte er.
"Ich gehe auch arbeiten, Steffen", kam es leise von ihr.

Ich sah meinen Vater an, sah, wie er sich straffte, ein freundliches Gesicht aufsetzte und sagte: “Elisa, nie wieder solche Lügen o. k.? Also dann, Mädels, lasst uns frühstücken und uns dann auf den Urlaub freuen.” Warum schnappte Mama mich nicht und ging mit mir fort? Und was war jetzt mit Papa los? Als ob irgendetwas durch seinen Körper ging und er war ein anderer Mensch. Wie auf Knopfdruck. Mama sagte nichts, stand auf und kochte Kaffee. Ich deckte den Tisch und vermied es, meinen Vater anzusehen.

Unsere Urlaube waren immer wunderschön, ob es dieses Mal auch so werden würde? Nein, wurde es nicht. Meine Mutter lachte kaum, weinte immer mal einfach so los und hatte nicht wirklich Spaß. Auch mein Vater war in sich gekehrt. Ausgelassenes Toben gab es nicht in diesem Urlaub. Dafür muss man kein kleines Mädchen sein, um richtig ausgelassen sein zu können. Das geht in jedem Alter. Ich kann nicht sagen, dass der Urlaub richtig mies war, aber er war nicht im Ansatz so schön, wie die anderen vorher. Das Hotel war richtig toll, der Strand war super und das Essen köstlich. Aber das reicht eben nicht. Wenn die Seelen krank sind, ist der schönste Platz der Welt dunkel und freudlos. Doch ich schöpfte neue Hoffnung. Ein bisschen Hoffnung auf eine

bessere Zeit. Tat er mir ab jetzt die schlimmen Sachen nicht mehr an? So sehr wollte ich daran glauben, musste ich glauben, ich hatte keine andere Chance.
Wieder zu Hause kehrte schnell der Alltag ein.
Jede Nacht schreckte ich hoch.
Kommt er wieder?
Die Sicherheit, die Kinder zu Hause haben sollten, hatte ich verloren. Woher sollte ich wissen, was in ihm vorging?
Mein Urvertrauen hat mir mein Vater gestohlen durch seine Taten an mir. Kein Vertrauen mehr zu haben ist schrecklich. Das Zuhause sollte doch ein Ort der Sicherheit, Geborgenheit und Liebe sein. Ich hatte das leider nicht mehr.

Zeit heilt Wunden – so heißt es doch oder? Leider ist das bei mir nicht der Fall. Mir passiert es noch heute, dass ich aus einem schlimmen Albtraum aufwache und mein Bett ist nass. Es ist so unendlich peinlich. Mein Ekel vor mir selbst ist enorm.

Mein Papa kam nachts nicht mehr zu mir. Er schaute mich zwar immer mit einem eigenartigen und vorwurfsvollen Blick an, der mir Angst machte, aber er ließ mich in Ruhe. Doch wie lange noch? Ich hatte unendliche Angst vor ihm.

Die Prügelattacken wurden auch weniger, aber gänzlich verschwunden sind sie nie. Mich fasste er in keiner Weise mehr an, aber meine Mama musste einiges einstecken.
Sie hatte sich total verändert seit meiner Offenbarung. Die ständige Gewalt durch ihren Mann forderte schon lange seinen Tribut an ihrem geschundenen Körper und auf ihrer Seele. Jetzt auch noch ihr Kind? Dieses unschuldige Mädchen musste solche schlimmen Sachen von ihrem Vater über sich ergehen lassen? Sie wollte mich beschützen, das weiß ich. Mamas Augen waren leer, dunkle Schatten hatten sich darunter gebildet. Sie lächelte fast nicht mehr. Manchmal starrte sie einfach nur Löcher in die Luft. Sie hörte erst damit auf, wenn Papa sie anschrie. Dann war sie wieder in unserer Gegenwart.
Meine Mama verwandelte sich zu einer verbitterten, gebrochenen Frau. Sie hatte doch bestimmt auch noch Träume und Sehnsüchte. Kaputt! Kaputt geschlagen durch die Hand und die Taten meines Vaters. Was konnte ich tun? Nichts, ich war total machtlos. Ganz oft kuschelte ich mich an sie, dann hielt sich mich ganz fest. In der Schule erbrachte ich gute Leistungen und ich weiß, dass sie stolz auf mich war. Ich half ihr im Haushalt, wo ich konnte. Als sie endlich wieder so weit war, dass sie doch wieder mehr lächelte, schlug

mein Vater wieder auf sie ein. PENG, alles war wieder kaputt. Wie habe ich das Lachen meiner Mama geliebt, es war so herrlich herzhaft und ansteckend. Das gab es nie wieder. Lächeln war schon das höchste aller Gefühle.

Der Wechsel zum Gymnasium gelang mir sehr gut. Total schön war es, dass Melina mit mir zusammen das Abitur ablegen wollte. Meine Zensuren waren immer noch super, Mathematik war nach wie vor mein Lieblingsfach. Ganz anders bei Melli. Manchmal verstand sie überhaupt nichts, doch ich gab ihr Nachhilfe. Sie sollte unbedingt bei mir bleiben und ihr Abitur schaffen. Dabei war sie nicht schlecht in der Schule, oft redete sie sich das auch ein.
“Ich werde nie so gute Noten haben wie du”, beklagte sie sich.
“Du hast doch keine schlechten Zensuren”.
“Ja, das goldene Mittelmaß.“
“Das ist doch gut. Wir sind auf dem Gymnasium, wie viele scheitern an dem Lernstoff? Du nicht, du packst das”, munterte ich sie immer wieder auf.

Ich war vierzehn Jahre alt und besuchte die achte Klasse.
Eine Matheklausur stand vor der Tür. Ich lernte mit Melli, so gut ich konnte.

“Du kannst das viel besser erklären als die Fischer.“

Frau Fischer war unser Klassen- und Mathelehrerin.

“Hast du es verstanden?”

“Ja, ich denke schon.”

“O. k., dann packen wir das morgen.”

“Jawoll, Chefin”, lachte sie.

Ich musste ausgeschlafen sein, wenn ich die Klausur super schreiben wollte. Aber ich schlief nach wie vor sehr unruhig. Wieder erwachte ich aus einem Albtraum, danach fiel es mir schwer, wieder in den Schlaf zu finden. Ich muss aber wieder eingeschlafen sein.

“Guten Morgen, mein Schatz, Aufstehen!“ Mama lächelte mich an. Es war wie früher. Sie zog das Rollo hoch, öffnete das Fenster und löschte das Licht. Die Luft, die in mein Zimmer strömte, roch nach Sommer, frischem Gras und Rosen. Mama liebte diese Blumen, überall im Garten blühten sie. Im sanften Morgenlicht sah meine Mama wunderschön aus. Ihr langes Haar glänzte. “Mama, du siehst hübsch aus heute.”

Sie lächelte mich an. “Danke, Mäuschen, aber jetzt hoch mit dir, ich habe Pfannkuchen zum Frühstück gemacht, die isst du doch so gern. Dann bist du schön gestärkt für deine Klau-

sur.”
“Hmmmm lecker … Pfannkuchen.“ Mein Lieblingsessen.
Ich freute mich riesig, dass sie gute Laune hatte. Sie war nicht so in sich gekehrt wie sonst. Seit meinem Geständnis über Papas Taten hat sie sich verändert. Mama setzte sich auf meinen Bettrand und umarmte mich ganz fest.
“Ich liebe dich unendlich doll, mein Mäuschen.”
“Ich liebe dich auch, Mama.“ Wir hatten einen schönen, innigen Moment. Hielten uns ganz fest.
Doch plötzlich bekam ich ein ganz eigenartiges Bauchgefühl. Es kribbelte ganz unangenehm. Als würden Millionen hungriger Fliegen ihr Unwesen in meinem Bauch treiben.
Wollte mir mein Körper sagen, dass ein Trauersturm über mich fegen würde?
Ahnt man, wenn etwas Unfassbares passiert?
Ist es ein Instinkt?
Bildete ich mir das ein?
Ja, natürlich bildete ich mir das ein. Was soll auch passieren? Ich lachte mich innerlich selbst aus.

Mama!

Nach dem Frühstück ging sie zur Arbeit, ich in die Schule. Doch mein ungutes Bauchgefühl ging nicht weg.

Nun saß ich hier und löste meine Matheaufgaben. Ich war so konzentriert, dass ich nicht mehr an meinen Bauch dachte. Für mich war die Klausur nicht so schwer. Endlich klingelte es zur Pause. Gleich fragte ich Melina: "Und wie war es? Hast du es gekonnt?"
"Ja, ich glaube schon, nicht so gut wie du, aber war o. k."
"Das freut mich."
"Jetzt noch ein paar Stunden rumkriegen, dann ab nach Hause."
"Wollen wir zusammen was machen? Eis essen oder so was?", fragte sie mich.
"Ja klar, danach noch ein bisschen shoppen?", erwiderte ich gut gelaunt.
"Ich habe kein Geld", kam es zögernd von ihr.
"Viel habe ich auch nicht, aber vielleicht reicht es ja für eine Kleinigkeit. Zum Eisessen lade ich dich ein."
Taschengeld bekam ich genug von zu Hause. Wenn ich etwas vorhatte mit meinen Freundinnen, waren meine Eltern auch nicht geizig. Wir zwei Mädchen freuten uns auf den ge-

meinsamen Nachmittag. Glücklich kam ich am frühen Abend nach Hause. Niemand war da. Das war komisch, aber ich machte mir keinen Kopf. Vielleicht hat Mama noch etwas zu erledigen und hat vergessen, es mir zu sagen. Papa kam immer erst etwas später nach Hause.

Es wurde später und Mama war immer noch nicht da. Mein Vater wusste auch nicht, wo sie sein könnte. Er wunderte sich und da bekam ich es mit der Angst zu tun. Warum wusste denn nicht einmal er, wo sie war?
“Hat sie dir nichts gesagt?”, fragte ich leise.
Er schüttelte den Kopf, sein Blick war sehr ernst, aber nicht wütend. Stunde um Stunde verging, von Mama keine Spur. Ich rief bei der Bank an, auf ihrem Handy, schickte ihr Nachricht über Nachricht – nichts. Papa telefonierte alle Freunde ab – nichts.

“Wir müssen die Polizei rufen”, sagte ich ganz wichtig.
“Die unternehmen erst nach achtundvierzig Stunden etwas bei Erwachsenen.”
“Scheiße … wo ist sie nur … das gibt es doch nicht.” So langsam kroch Wut in mir hoch, dass sie uns einfach nicht Bescheid gesagt hatte, was sie noch vorhatte. Spät an diesem Abend aßen Papa und ich noch eine Kleinigkeit, Appetit hatten wir beide keinen. Nur Brot

und Wurst, mehr wollten wir nicht. Gesprochen haben wir fast auch nichts, jeder hing seinen Gedanken nach. Ich schlief in dieser Nacht keine Sekunde. Ich lauschte in die Stille, hoffte auf das Geräusch, wenn ihr Schlüssel in die Tür gesteckt wird und Mama hereinkommt. Doch es blieb still. Ich stand auf, rief sie wieder an, lief in meinem Zimmer hin und her – Mama blieb einfach weg.

Am nächsten Morgen weckte mich mein Papa eher als sonst. Er musste früher zur Arbeit als Mama und wollte sicher sein, dass ich wach bin.

“Frühstück steht in der Küche, nicht so toll wie bei Mama, aber ich habe mir Mühe gegeben”, lächelte er mit komischem Gesichtsausdruck.

Machte er sich Sorgen? Er war doch überhaupt nicht mehr gut zu ihr. Zumindest oft – sehr oft nicht. Liebte er sie überhaupt noch? Liebte er mich? Ein Ehemann, der prügelt und sich an seiner Tochter vergreift – kann so ein Mensch überhaupt lieben? Ich weiß es nicht, aber ich glaube schon, dass er uns geliebt hat. Irgendwie. Keine Ahnung.

Nach dem Frühstück ging ich in die Schule. Mein Kopf war voller Sorgen. Wo ist meine Mama? Ist sie einfach abgehauen? Konnte sie ihre Familie nicht mehr ertragen? Wollte sie keine Prügel mehr von Papa bekommen? Aber ich? Ich habe ihr doch nichts getan? Gibt sie mir die Schuld an dem, was Papa mit mir gemacht hat? Liebt sie mich jetzt nicht mehr? Ekelt sie sich vor mir, so wie ich es selbst tue? Unzählige Fragen ohne eine kleine Antwort. Mama, komm zurück, ich mache mir Sorgen! Ich habe Angst um dich!

In der fünften Stunde hatten wir Deutsch. Der halbe Unterricht war vorüber, die Klassentür öffnete sich. Unser Direktor ging zu unserem Lehrer und flüsterte ihm etwas zu. Entgeistert sah er ihn an. Neugierig beobachten wir alle die beiden. Der Direktor, Herr Klein, kam auf mich zu, mein Herz fing an zu rasen. Ich war mir keiner Schuld bewusst. Was wollte er von mir? Was hatte ich falsch gemacht?
"Elisa, kommst du bitte mit in mein Büro?"
Entgeistert sah ich ihn an: "Ich habe doch nichts Unrechtes getan."
"Nein, das hast du nicht. Komm bitte trotzdem mit."
"Darf Melina mitkommen?"
"Nein, wir gehen erst mal zu zweit, o. k.? Nimm bitte deine Sachen alle mit."
Wortlos folgte ich ihm. Ich fing an zu zittern, ahnte Schlimmes. In seinem Büro bot er mir einen Platz an. Ich hielt die Ungewissheit kaum noch aus. "Dein Papa wird jeden Moment hier sein, Elisa. Warten wir auf ihn, o.

k.?” Papa? Hierher? Warum? Im selben Moment meiner kurzen Gedanken klopfte es an die Tür und mein Vater trat ein. Er sah mich mit einem Blick an, den ich nicht deuten konnte. Leichenblass war er. Papa setzte sich neben mich und nahm meine Hand in seine.
“Elisa, du musst … ähm … du … wir …”, Tränen liefen jetzt über sein Gesicht.
“Papa, was ist denn los? Was habe ich Schlimmes getan, dass ich hier zum Direktor muss und du auch hier bist? Ich bin mir doch gar keiner Schuld bewusst.” Ich hoffte auf etwas ganz Banales, was sich schnell aufklären ließ.
“Es geht um Mama, Schatz. Deine Mama … ist …”, er konnte nicht weitersprechen, räusperte sich unter Tränen. Hilfesuchend sah ich Herr Klein an. Er wirkte fassungslos. “Soll ich?”, fragte er meinen Vater. Papa schüttelte den Kopf. “Nein, das muss ich allein tun.“

Er nahm mein Gesicht in beide Hände, sofort begann ich zu zittern. Er sollte mich nicht mehr anfassen!!! Doch es war anders. Seine Daumen streichelten meine Wangen, Tränen liefen unaufhörlich über sein Gesicht.
“Die Mama … Mama ist nicht mehr … ” Mit großen Augen sah ich ihn an. Er nahm seine Hände von meinem Gesicht und wischte sich über die Augen.

“Elisa … Mama wollte nicht mehr leben. Sie hat sich umgebracht”, schluchzend schlug er sich die Hände vor sein Gesicht. PENG!
Niemand sagte jetzt mehr ein Wort. Bitte was? Das war ein schlechter Witz. Was tat ich? Ja, ich fing an zu lachen. Ich lachte und lachte, konnte mich nicht beruhigen. Es war kein normales Lachen, ja es fing normal an, doch es schlug in Hysterie um. Papa wollte mich in den Arm nehmen, doch ich schlug seinen Arm weg.
“Warum sagst du so etwas?”, schrie ich ihn an.
“Schatz, weil es leider die … Wahrheit ist.”
Ich sah von Einem zum Anderen. Ich glaube, in Herrn Kleins Augen auch einzelne Tränchen gesehen zu haben. Das hier war absurd, unfassbar, entsetzlich. Meine Mama? Umgebracht? Wie? Warum?
“Wo ist sie jetzt?”, wollte ich blöderweise wissen. Warum interessierte mich das gerade jetzt in dieser Situation?
“Sie wird noch untersucht, um ein Fremdverschulden auszuschließen …”, wollte Papa mir erklären, ich unterbrach ihn sofort:
“Also wisst ihr noch nichts Genaues?.“
“Doch … eigentlich schon, aber das ist die normale Vorgehensweise.”
“Ich will sie sehen.”
“Das … nein … mach das nicht.”
“Warum nicht?”, blaffte ich.

“Sie … ist … tot, das ist … kein … schöner Anblick.”
“Das ist mir egal, ich will meine Mama sehen”, schrie ich ihn an. Ich sprang vom Stuhl, wischte mit einer Hand die Unterlagen vom Schreibtisch meines Direktors, trat gegen meinen Stuhl und rannte raus. Gerade klingelte es zur Pause. Nicht das auch noch. Ich wollte niemanden sehen. Wie eine Verrückte rannte ich aus dem Gebäude. Melina hat mich aber gesehen und lief mir nach. Am Schultor blieb ich atemlos stehen. Habe ich das gerade alles nur geträumt?
“Elli, was ist passiert? Du siehst ja schrecklich aus.”
“Meine Mama ist tot”, sagte ich völlig emotionslos.
“Was?”, fragte sie geschockt.
“Sie hat sich umgebracht”, sprach ich apathisch. Einfach so, als würde ich sagen, ich habe uns tolle Süßigkeiten gekauft. Unwirklich.
“Oh nein …”, sofort nahm sie mich in den Arm und drückte mich ganz fest. Eine ganze Weile standen wir da ohne Worte, dann sagte sie leise: “Elisa, ich bin für dich da, immer. Du kannst mich jederzeit anrufen, egal um welche Uhrzeit, auch in der Nacht. Sofort bin ich bei dir.” Schluchzend nickte ich. Ich hörte, wie sie sagte: “Guten Tag.“ Sie grüßte meinen Vater.

Ich habe ihn gar nicht mitbekommen.
“Wann kann ich Mama sehen?”, fragte ich wieder.
“Sobald die Untersuchung abgeschlossen ist. Aber ich bleibe dann bei dir, o. k.? Ich möchte nicht, dass du das allein durchstehen musst. Wenn du es schaffst, gehe ich vor die Tür, dann kannst du mit ihr allein sein. Ist das in Ordnung für dich?”
Ich nickte und weinte.

Welchen Albtraum muss ich denn noch durchstehen?
Meine Mama ist tot? Das ist so surreal. So etwas passiert doch nur anderen oder im Film. Warum? Warum? Warum?

Ich konnte das ‘Nach Hause kommen’ kaum ertragen. Überall war meine Mama. Ihr Geruch war noch in jedem Raum. Ihre Jacke hing an der Garderobe, ihre Hausschuhe standen ordentlich im Schuhregal. In der Küche stand noch das Frühstücksgeschirr von mir und Mama, Papa hatte seines schon weggeräumt. Das ist mir morgens gar nicht aufgefallen. Wer achtet da auch darauf? Gedankenverloren räumte ich den Tisch ab und stellte das Geschirr in die Spülmaschine. Waren die Pfannkuchen an dem Morgen das letzte gemeinsame Frühstück mit meiner Mama? Leider ja.

Ich zog mich in mein Zimmer zurück, kroch unter die Decke in meinem Bett. Wie geht man mit so einer Nachricht um? Ich konnte überhaupt nicht klar denken. Immer wieder hoffte ich auf das bekannte Geräusch, wenn Mama nach Hause kommt. Sie musste doch wiederkommen. Das geht gar nicht anders. Sie gehört doch zu uns.
Mama, bitte komm zurück! Bitte! Bitte! Bitte!
Papa kam oft zu mir und wollte mich drücken. Aber ich wollte allein sein. Er durfte mich nicht umarmen, das hielt ich nicht aus. In die Schule brauchte ich erst mal nicht. Wie die nächsten zwei Tage vergangen sind, weiß ich nicht mehr.
Erst an diesem Morgen setzt die Erinnerung wieder ein: "Mäuschen, wir können heute Mama sehen, wenn du magst." Und ob ich das wollte.
"Wann?"
"Gleich, wenn du möchtest. Ich habe ihr Lieblingskleid hingebracht, das ziehen sie ihr an."
"Was? Hä?" Was meinte er denn?
"Na ja Elisa, sie machen sie hübsch."
"Aha und wofür?"
Papa sagte nichts darauf, wir zogen uns an und fuhren los.

Im Bestattungsunternehmen angekommen, zitterten mir jetzt gewaltig die Knie. Was

kommt auf mich zu? Wie sieht sie aus? Papa fragte mich noch einmal: "Bist du sicher, dass du das möchtest?" Ich nickte.
Dann war der Moment da, Mama lag aufgebahrt in einem Sarg. Ihr schickes Sommerkleid mit den roten Mohnblumen hatten sie ihr tatsächlich angezogen. Die Haare lagen ordentlich gekämmt an den Seiten, sie war etwas geschminkt. Papa hatte sogar an ihr Parfüm gedacht, was ich so an ihr mochte. Sie lag da, als würde sie schlafen. Papa legte einen Arm um mich und flüsterte: "Möchtest du allein sein?"
Ich nickte. Leise verließ mein Papa den Raum. Ich ging zu Mama, streichelte über ihre Hände. Sie waren so kalt. Ich streichelte ihre Wangen. Sie waren so kalt. Fror sie denn nicht? Ich weiß, tote Menschen frieren nicht, aber an so etwas habe ich in diesem Moment gedacht. Am liebsten hätte ich sie mit einer dicken Decke zugedeckt, dass sie warm wurde. Es überkam mich ganz plötzlich. Ich packte ihre Schultern und rüttelte sie: "Mama, wach auf! Bitte Mama, sieh mich an. Drücke meine Hand, wenn du mich verstehst. Bitte … bitte … bitte …" Ich weinte und schrie. "Mamaaaaa … mach das nicht … komm zurück. Ich liebe dich doch …" Zittern, frieren, schwitzen und schreien war alles eins. Tränen über Tränen bahnten sich ihren Weg über mein Gesicht.

Rotz lief mir aus der Nase. Ich wischte alles mit dem Handrücken weg. “Mama …”, schrie ich wieder. Im selben Moment war Papa bei mir und zog mich weg. Ich strampelte und wehrte mich: “Lass mich bei ihr bleiben. Sie … muss … doch aufwachen … bestimmt … wird sie gleich wach. Mama … bitte … wach doch auf … BITTE!” Ich kam überhaupt nicht mehr zu mir, war wie weggetreten und schrie. Mein Vater schaffte es, mich aus diesem Raum zu bringen.
“Wir können sie doch da nicht einfach allein lassen? Wenn sie nun doch aufwacht?” Ich konnte das alles nicht realisieren. Absurdeste Gedanken hatte ich.

Zu Hause angekommen, bat Papa mich in die Küche.

“Elisa, ich habe hier etwas für dich, das ist von Mama. Magst du es haben?” Er hielt ein kleines Kuvert in den Händen.
“Was ist das?”
“Das haben sie bei Mama gefunden. Dein Name steht auf dem Umschlag.“
“Hast du auch einen?”
Resigniert schüttelte er den Kopf.
“Machen wir ihn zusammen auf?”, fragte ich weinend.
“Wenn du das möchtest, klar.”

Mit zitternden Händen öffnete ich den Umschlag. Er roch nach Mamas Parfüm. Es war Mamas Schrift. Habe ich sie in den Tod getrieben, als ich ihr von Papas Taten erzählte? Wollte sie deshalb nicht mehr leben? Hielt sie die Prügel nicht mehr aus? Oh mein Gott … ich bin schuld. Hätte ich doch nur meinen Mund gehalten! Tränen verschleierten meinen Blick. Ich sah Papa an, auch er weinte und gab sich die Schuld. Hatte er Schuld? Natürlich gab ich sie ihm, aber warum ist sie dann nicht mit mir von ihm weggegangen? Das wäre doch tausendmal besser, als sich umzubringen und ihr Mädchen allein zu lassen. Es gibt doch immer eine Lösung, oder? Was treibt Menschen in den Suizid? Ausweglose Situationen? Welches Leben ist nicht mehr lebenswert? Warum lässt man sein Kind zurück? Fragen über Fragen ohne eine Antwort für mich. Wie und wo sich meine Mama das Leben genommen hat, wollte ich nicht erfahren.
Ich las den Brief laut vor. Papa sollte auch hören, was meine Mama mir sagen wollte.

“Mein über alles geliebtes Mäuschen,

bitte, bitte verzeih mir, dass ich diesen Schritt gegangen bin. Ich liebe dich über alles und mehr als mein Leben. Denk auch bitte nicht, dass du schuld bist. Das bist du nicht. Du hast

absolut nichts ... falsch ... gemacht ...“
Meine Stimme brach. Ich konnte nicht mehr. Papa kam zu mir und legte seinen Arm um mich.
“Du kannst ihn für dich ganz allein lesen.”
Laut schluchzend nickte ich und rannte in mein Zimmer, warf mich aufs Bett, Mamas Brief hielt ich ganz fest an mein Herz gedrückt. Ich wollte ihn unbedingt lesen, aber es ging gerade nicht. Wie viel Zeit vergangen ist, weiß ich nicht mehr. Irgendwann setzte ich mich auf und öffnete das Blatt wieder. Ich las für mich allein weiter:

“Glaub mir, ich habe dich ganz fest in meinem Herzen eingeschlossen. Ich werde immer bei dir sein, solange du mich nicht vergisst. Lass mir ein kleines Plätzchen in deinem Herzen, dann bin ich bei dir. Such dir einen Stern am Himmel aus und nenne ihn nach mir. Dann siehst du mich.
Das Leben wurde für mich zu schwer, ich war zu schwach.
Aber du, mein Mäuschen, du bist stark. Du schaffst das. Bald hast du dein Abitur, machst eine Ausbildung und gründest eine Familie. Auch wenn ich nie mein Enkelkind leibhaftig sehen kann, denke immer daran, ich bin ganz fest bei dir.

Weißt du, Elisa, ich habe eine Krankheit, die heißt Depression. Deshalb habe ich nur noch wenig gelacht und keinen Antrieb mehr gehabt. Unsere letzten gemeinsamen Pfannkuchen, die wir gegessen haben, bleiben als Erinnerung in mir und in dir. Versprochen.
Ich wäre dir so gern eine gute Mama gewesen und immer für dich da, doch ich habe es nicht geschafft. Ich habe versagt. Das tut mir so unbeschreiblich leid. Du hast eine Mutter verdient, die immer da ist, wenn du sie brauchst. Das war ich nicht. Mit dieser Schuld kann ich einfach nicht leben.
Ich weiß genau, du gehst deinen Weg.

Hab keine Angst vor Papa, er wird dir nicht mehr weh tun, das hat er mir versprochen. Er wird für dich da sein, das weiß ich genau.

Hab keine Angst vor dem Leben, mein Mäuschen, es ist schön. Geh deinen Weg und mach das, was dir Spaß macht, lerne den Beruf, der dir Spaß macht. Du bist ein sehr intelligentes Mädchen und schaffst alles, was du dir vornimmst.
Hab keine Angst, ich bin bei dir.

Ich liebe dich über alles, du warst immer mein süßes Baby, mein Sonnenschein.

Deine, dich über alles liebende Mama
Pass auf dich auf."

Ich glaubte kaum, was ich da las. Sie konnte nicht mehr? Depressionen? Es gibt doch Ärzte, die bei solchen Krankheiten helfen können. Für mich stand fest, hätte ich ihr das von Papa nicht erzählt, würde sie noch leben. Diese Schuld wird für immer in mir sein. Und Papa? Auch er gab sich die Schuld. Er hat sie geschlagen und mich missbraucht. Daran ist sie zerbrochen. In mir machte sich Verzweiflung, Ohnmacht und gleichzeitig Wut breit.
Später an diesem Tag fragte ich meinen Vater: "Hast du Mama geliebt?"
"Ja, das habe ich, sehr geliebt habe ich deine Mama."
Aha, er hat sie sehr geliebt. Warum schlägt man einen Menschen, den man liebt? Warum tut man seinem Kind so schlimme Sachen an? Ich wollte aber nichts mehr sagen, na ja, ich traute mich auch nicht wirklich. Immerhin war er mein Vater, der mit Schlägen nicht zimperlich war und mit anderen Sachen auch nicht. Ich hatte Angst vor ihm. Obwohl es nicht mehr passierte, fürchtete ich mich trotzdem immer vor ihm.

Am Abend kamen meine beiden Großeltern. Jeder weinte und war fassungslos. Die Eltern

meiner Mama hatten ihre Tochter verloren, die Eltern meines Papas ihre Schwiegertochter. Alle hatten sie so geliebt. Ist es nicht das Schlimmste, wenn Eltern ihr Kind verlieren? Egal, wie alt das Kind ist? Kind oder Erwachsener? Es ist doch immer schlimm, oder? Das wünscht man seinem ärgsten Feind nicht. Für ein Kind ist es auch das Schlimmste, wenn es seine liebevolle Mama verliert. Auch das wünscht man niemandem. Papa bestellte an diesem Abend Pizza, wir aßen gemeinsam, dachten an Mama, bis alle wieder nach Hause fuhren. Freunde meiner Eltern kamen auch kurz, blieben aber nicht lange. Wir wollten keinen um uns haben. Die Beerdigung würde noch schwer genug werden.
Melli schrieb mir, ob sie kommen soll. Ich verneinte. Ganz allein wollte ich sein. Immer noch war alles so unwirklich. Auch wenn ich Mama aufgebahrt gesehen habe, ich fasste ihren Tod einfach nicht.

Die nächsten Tage verschmolzen ineinander. Ich verlor jegliches Zeitgefühl. Alles, was ich tat, war mechanisch. Wie ein Zombie lief ich durch die Gegend. Ich hatte keinen Hunger, das Fernsehprogramm interessierte mich nicht, auf meine Freunde hatte ich keine Lust und meine geliebten Bücher fasste ich auch nicht an. Die meiste Zeit lag ich auf meinem Bett

und stierte die Luft an oder verfiel in schlimme Heulkrämpfe. Eine Riesenangst hatte ich vor der Beerdigung. Schaffe ich das? Breche ich zusammen? Kommen viele Menschen? Am liebsten wäre ich Mamas letzten Weg mit ihr allein gegangen. Ich hatte nicht einmal schwarze Klamotten. Was sollte ich denn anziehen? Papa und ich gingen einkaufen. Ich bekam ein schwarzes, enges Kleid, schwarze Feinstrumpfhosen und schwarze Schuhe. Anprobiert habe ich nur die Schuhe und das Kleid. Zu Hause zog ich komplett alles an, sah mich im Spiegel und erschrak. Blass war ich, hatte rotgeweinte Augen und tiefe Schatten darunter. Meine langen Haare hatten ihren Glanz verloren. Kein Wunder. Wenn Papa mich nicht erinnern würde, baden oder duschen zu gehen, hätte ich das auch nicht gemacht. Alles war schwer, eine fast unüberwindbare Wand stand vor mir. Nur mit größter Anstrengung konnte ich sie manchmal überwinden. Als ich mich von meinem Spiegelbild löste, rief ich meinen Vater. “Kann ich so gehen?”, fragte ich ihn. Er kam zu mir und sah mich mit großen Augen an, bevor ich eine Antwort bekam. Ich hatte schon Angst, er würde sich an mir vergreifen, doch er sagte ergriffen:
“Du bist deiner Mama wie aus dem Gesicht geschnitten.“ Tränen liefen über sein Gesicht.

Das stimmte sogar, ich hatte ihre Augen, ihre vollen Lippen, das runde Gesicht und die langen braunen Haare. Meine Großeltern sagten mir das schon von klein auf.
Wo die vielen, unzähligen Tränen überhaupt noch herkamen, wunderte mich. Irgendwann muss man doch leergeweint sein, oder nicht? Ich weinte und weinte und weinte. Oder stierte Luftlöcher.
Die Beerdigung organisierte mein Vater allein. Ich konnte ihm nicht helfen. Das schaffte ich beim besten Willen nicht. Ich war vierzehn Jahre alt und hatte keine Mutter mehr.
Die Tage verstrichen so verdammt langsam. Ich wollte endlich die Beerdigung hinter mir haben.

So langsam die Zeit auch vergehen mag, irgendwann ist sie vorbei und der härteste Tag war angebrochen. Ich wollte nicht aufstehen, doch ich musste. Ich schleppte mich unter die Dusche, aß zwei Happen vom Nutellatoast. Als ich meine schwarzen Sachen anhatte, musste ich weinen. Was für ein hässlicher Tag für so schöne Klamotten. Schwarz war nicht unbedingt meine Lieblingsfarbe, aber es sah wirklich gut aus. Für mich stand fest, dass ich diese Kleidung nur heute tragen würde, sonst nie wieder. Ich würde sie immer mit der Trauerfeier meiner Mama verbinden.

Die Zeit des Aufbrechens war gekommen. Mein Vater trug einen schwarzen Anzug, ein weißes Hemd und eine schwarze Krawatte. Schon wieder musste ich weinen, als ich ihn sah.

Auf dem Friedhof angekommen, waren unglaublich viele Menschen versammelt. Fast alle Männer trugen schwarze Anzüge, weiße Hemden und schwarze Krawatten. Genau wie mein Vater. Frauen alle in schwarze Kostüme oder Kleider gehüllt. Es war für mich ein grausiger Anblick. In die Trauerhalle passten nicht alle Personen hinein, sodass die Tür offen blieb und sich vor der Halle eine Menschentraube bildete. Als ich mit Papa und meinen Großeltern Platz nahm, ganz vorn in der ersten Reihe, schaltete ich alles aus. Ich nahm die vielen Menschen nicht mehr wahr. Ich hörte auch nicht zu, was der Redner sagte. Die Musik war es … die Trauermusik. Bevor der Redner begann, spielte das Lied: "Only time" von Enya. Ich weinte wie ein Baby. Von überall war das Weinen zu hören, aber ich glaube, ich übertönte alle. Papa hielt die ganze Zeit seinen Arm um meine Schultern, sein Körper bebte geschüttelt von Tränen. Meine Großeltern weinten auch schrecklich. Ich versuchte, mich auf die Kränze und Blumen zu konzentrieren. Papa hat das schön machen lassen.

Mamas Urne war weiß, in der Mitte war ein rotes Herz aus Rosenblüten. Das Behältnis mit der Asche meiner Mama war eingefasst mit weißen Lilien und roten Rosen. Ein großer Kranz aus roten und weißen Rosen hing daneben, auf dem schwarzen Band stand in goldenen Buchstaben:

In unendlicher Liebe
Steffen und dein Sonnenschein Elisa

Unendlich viele Kränze und Sträuße sah ich. Als die Urne von dem Redner an uns vorbeigetragen wurde, spielte das Lied "Der Weg" von Herbert Grönemeyer. Der Text brachte mich fast um den Verstand:

...
Du hast jeden Raum mit Sonne geflutet,
hast jeden Verdruss ins Gegenteil verkehrt
...
...
Ich trag' dich bei mir
bis der Vorhang fällt.

Genau das wollte ich tun, ich werde meine Mama bei mir tragen, bis mein Vorhang irgendwann fällt. Dann werde ich hoffentlich mit ihr vereint sein.

Ich starrte die Urne an und schrie: “Mama … bitte … geh … nicht.“ Papa hielt mich fest und dirigierte mich sanft, hinter dem Redner herzugehen. Alle Blicke waren auf uns gerichtet, das spürte ich. Ein riesiger Trauerzug setzte sich in Gang. So viele Menschen wollten von meiner Mama Abschied nehmen. Hätte sie doch nur gesehen, wie beliebt sie war. Sie wäre so stolz auf sich. Jeder hatte eine rote Rose in der Hand, auch Papa, ich und meine Großeltern. Ich wollte allein zu Mamas Grab gehen, das tat ich auch. Doch ich brach zusammen. Ich fiel auf die Knie und weinte und schrie immer wieder “Mama!” Das weiß ich nicht mehr, Papa hat mir das erzählt. Meine Erinnerung setzt erst wieder ein, als die Menschen kamen und uns die Hand schüttelten mit den Worten “Es tut mir so leid” … ”Herzliches Beileid” … usw. Was eben so gesagt wird bei einer Trauerfeier. Es wollte überhaupt nicht aufhören, so viele waren es. Endlich war es vorbei und wir gingen in eine Gaststätte Kaffee trinken. Ich bekam keinen Bissen runter. Endlich war alles vorbei und wir gingen mit meinen Großeltern noch mal auf den Friedhof, um uns anzusehen, wie das Grab meiner geliebten Mama gestaltet war. Wunderschön, wenn es nicht so traurig wäre.

Ein Meer aus Blumen und Kränzen erwartete uns. Himmel, waren das viele. Ich sank wieder auf die Knie und fuhr sanft über unseren Kranz, als würde ich meine Mama streicheln. Es tat so unendlich weh, so schrecklich weh. Alles, was ich noch von meiner Mama hatte, war ein Brief, ein Grab und dieser kalte Grabstein mit ihrem Namen.

Als sich meine Großeltern verabschiedeten, verkroch ich mich in mein Zimmer, rief mir Youtube auf und hörte immer wieder "Only time" und "Der Weg", immer und immer wieder. Ich wollte damit meiner Mama näher sein. Hat sie die Musik auch gehört? Gibt es tatsächlich etwas zwischen Himmel und Erde, was kein Mensch erklären kann? Können geliebte, verstorbene Menschen uns wirklich manchmal sehen? Ich glaube eigentlich nicht an so etwas, doch zu dieser Zeit tröstete mich der Gedanke daran. Sicher bin ich mir aber bis heute nicht. Nie werde ich über den schrecklichen Verlust meiner Mama hinwegkommen. Jeden Tag ging ich zu ihrem Grab und sprach mit ihr.

Es tut einfach nur weh – bis heute.

Die nächsten Tage und Wochen verbrachte ich in einem Dämmerzustand. Die Trauer fraß mich fast auf. Doch das Leben musste irgendwie weitergehen, das sagte mir am Abend

mein Vater.
“Elisa, wir müssen irgendwie weiterleben. Ich muss wieder arbeiten gehen und du in die Schule.”
“Ja, ich weiß”, seufzte ich niedergeschlagen.
“Wollen wir heute etwas essen gehen und ab Montag wieder loslegen? Deine Mama werden wir trotzdem nicht vergessen, o. k., Kleines?”

“Ja, essen gehen ist eine gute Idee. Mama werde ich sowieso niemals vergessen. Kannst du nicht Mamas Eltern fragen, ob sie mitkommen möchten?“ Ich wollte nicht mit ihm allein essen gehen.
“Ja klar, ich rufe sie gleich an.”
Meine Großeltern kamen mit. Das freute mich riesig. Meine Oma hat den Tod ihrer Tochter nie verwunden. Sie ist um Jahre gealtert. Genauso mein Opa, seine Haare, die immer dunkelbraun waren, waren fast weiß geworden. Oh Gott, die Armen. Ich habe meine Mama verloren und sie ihre Tochter. Wie grausam.

In der Schule wusste keiner so recht, wie er mit mir umgehen sollte. Trauerkarten habe ich von fast allen Mitschülern bekommen, doch getroffen habe ich mich nicht einmal mit Melina. Das sollte sich ändern, ich musste irgendwie weitermachen, so schwer es auch sein mochte. Das tat ich. Ich traf mich viel mit

Melli und manchmal auch mit den anderen Mädels. So verging das nächste halbe Jahr. Meine schulischen Leistungen waren weiterhin sehr gut. Wie ich das geschafft habe? Ich weiß es nicht. Ich habe schon immer sehr leicht gelernt. Mich zu konzentrieren bei wichtigen Klausuren konnte ich auch schon immer gut, ich konnte dann alles ausblenden. Das kam mir jetzt in dieser schrecklichen Zeit der Trauer zugute.

Ich kam aus der Schule, Papas Auto stand vor der Tür. Das war sehr eigenartig. Er kam immer erst später und fuhr das Auto direkt in die Garage. Was war denn los? Als ich den Flur betrat, hörte ich Geräusche. “Papa?”, rief ich.
“Ich bin hier … im Schlafzimmer.”
Was tat er denn? Ich ging hin und dachte, ich sehe nicht richtig. Er räumte Mamas Klamotten in schwarze Müllsäcke.
“Was machst du da?”
“Mamas Sachen ausräumen, Schatz. Das braucht doch keiner mehr. Schau mal aufs Bett. Da habe ich hingelegt, was du vielleicht noch behalten möchtest.”
“Was ich behalten möchte? Nichts von ihren Klamotten. Aber du kannst doch jetzt nicht alles ausräumen und wegwerfen, als hätte es Mama nie gegeben. Warum tust du das?” Ich weinte schon wieder.

Er kam auf mich zu, vor Schreck wich ich einen Schritt zurück.
“Elisa, es muss doch irgendwie weitergehen. Die Sachen möchte ich nicht wegwerfen, sondern spenden. Das wäre bestimmt auch in Mamas Sinn.” Hatte er recht? Macht man das so?
“Mach doch, was du willst.” Mit diesen Worten rannte ich raus und in mein Zimmer, warf mich auf mein Bett und weinte.
Später kam er zu mir: “Darf ich reinkommen?” Kerzengerade saß ich gleich vor Schreck in meinem Bett. Ich wollte ihn nicht in meinem Zimmer an meinem Bett haben. Nach Jahren immer noch nicht. Das spürte er zum Glück und blieb stehen.
“Möchtest du Mamas Parfüms haben, Schatz?”
“Oh ja, sehr gern.”
Er stellte die Flakons auf meinen Schreibtisch: “Dann nimm sie und hüte sie gut.”
“Danke”, sagte ich mit klopfendem Herzen.
Die Angst vor meinem Vater werde ich wohl nie loswerden.
Die nächsten Monate verliefen ohne Zwischenfälle. Immer noch ging ich jeden Tag zum Grab meiner Mutter.
Meinen fünfzehnten Geburtstag haben wir mit meinen Mädels gefeiert. Es war ein Traumwetter und wir tobten im Pool herum. Das gab es lange nicht mehr.

Joshua

Weihnachten stand vor der Tür. Das erste Weihnachten ohne Mama verbrachten wir bei meinen Großeltern. Zu Hause hielten wir es nicht aus. Dieses Jahr wollten wir das irgendwie durchstehen. Omas und Opas waren bei uns. Früher haben wir vor der Bescherung immer "Stille Nacht, heilige Nacht" gesungen, so auch heute. Erst war ich unendlich traurig und weinte, doch bei dem Lied dachte ich an früher. Es fühlte sich schön an, ein Stück Zuhause und Kindheit, ohne das Grauen. Tränen liefen bei uns allen, Mama war ganz fest bei uns. Den besten Gänsebraten bereitete sie zu, aber der von Oma war auch nicht von schlechten Eltern. So verdammt lecker. Wir gingen am Heilig Abend und an den beiden Feiertagen alle gemeinsam zum Friedhof. Oma und Opa weinten mit mir um die Wette. Auch die Eltern meines Vaters weinten heftig.

Silvester waren Freunde meiner Eltern bei uns. Ich feierte bei Melli. Bis zum nächsten Mittag durfte ich bei ihr bleiben. Mellis Eltern hatten sich einen Partyraum im Keller hergerichtet, dort durften wir feiern. Natürlich hatten sie Augen auf uns. Eltern eben.

Wir waren ungefähr fünfzehn Personen, einer aus meiner Parallelklasse war auch hier. Ich wusste seinen Namen nicht, aber wir schielten uns schon lange auf dem Schulhof an. Er winkte mir manchmal zu. Ich fand ihn toll. Der Schwarm aller Mädchen. Heute kam er zu mir mit zwei Cocktails in der Hand. “Magst du den mit mir trinken, Elisa?”
“Klar … aber ich weiß gar nicht, wie du heißt.”
Er lachte: “Darf ich mich vorstellen, gnädiges Fräulein? Ich bin Joshua, bin fast sechszehn und gehe aufs Gymnasium.”
Ich stellte mich sofort darauf ein.
“Oh, sehr angenehm, junger Mann, ich bin Elisa, fast sechszehn und gehe auch aufs Gymnasium.” Wir lachten beide.
“Gut, dann ist das ja geklärt. Prost.” Ich hatte schon ein Glas Wein intus. Da ich nie Alkohol trank, wirkten der Wein und der Coctail schnell. Alles wurde leicht und belastete mich nicht mehr so doll. Wir unterhielten uns den ganzen Abend, tanzten viel. Melina meckerte schon mit mir, dass ich keine Zeit für sie hatte, aber sie fand es gut, dass ich mal wieder ausgelassen feiern konnte.
“Gönn dir”, flüsterte sie mir im Vorbeigehen zu.
Null Uhr standen wir alle im Kreis mit Sekt in der Hand.

Fünf … vier … drei … zwei … eins … Prost Neujaaaaaaaaahr …"
"Yeaaaaaaaah", jeder nahm jeden in den Arm und wünschte ein frohes neues Jahr. Mellis Eltern kam zu uns und wünschten uns nur das Beste.
Als Joshua und ich uns zum neuen Jahr beglückwünschten, sah er mir lange in die Augen, unsere Lippen fanden sich. Ganz sanft und zärtlich küssten wir uns. Es war traumhaft schön. Ich verliebte mich Hals über Kopf in ihn. Doch auch die schönste Party geht irgendwann zu Ende. Wir tauschten unsere Handynummern aus, dann mussten gegen drei Uhr morgens alle nach Hause. Zum Glück waren Mellis Eltern nicht sehr streng, sodass wir lange feiern durften. Sie achteten nur darauf, dass niemand aus der Rolle fiel und es gab auch keine harten Getränke. Da hielten sich auch alle daran, niemand brachte heimlich etwas mit.
Als ich mit Melli im Bett lag, fing sie an zu kichern.
"Elisa ist verliebt."
Ich knuffte sie in die Seite: "Hör auf, stimmt doch gar nicht."
"Klar, ich habe doch Augen im Kopf."
Ich richtete mich auf, drehte mich auf die Seite und stützte meinen Kopf in eine Hand: "Wie findest du den?"

“Der scheint ganz süß zu sein”, sagte Melli: “Hübsch ist er auf jeden Fall. Wie er sonst so ist, weiß ich auch nicht. Er ist mit David mitgekommen, ist irgendwie ein Kumpel von ihm und er fragte, ob er ihn mitbringen kann. Klar, warum auch nicht?”

“Danke, David”, lachte ich.

“Schön, dich wieder so sehen zu können”, lächelte mich meine beste Freundin an.

“Danke für den schönen Abend, Melli.”

“Bitte, gerne doch. Bei dir war es doch auch immer schön.”

“Ja, das holen wir im Sommer wieder nach, o. k.?”

“Ja, das machen wir, aber jetzt müssen wir schlafen, Elli.”

“Nein, ich kann gar nicht schlafen, vielleicht schreibt er mir ja noch.”

“Muss Liebe schön sein”, seufzte Melli und schlief auf der Stelle ein. Ich lag noch lange wach, aber von Joshua hörte ich nichts mehr. Sollte ich ihm schreiben? Nein, das traute ich mich nicht. Vielleicht war ich ja nur ne kleine Partymaus an Silvester für ihn. Irgendwann übermannte mich dann doch der Schlaf. Ich war total erschrocken, als Mellis Mutter uns zum Frühstück rief. Na ja, Frühstück war es eigentlich nicht mehr, es war fast ein Uhr mittags. Es war eher ein Brunch. Es gab alles, was

das Herz begehrt. Süßes, Herzhaftes, Kartoffelsalat und Würstchen.
“Greift zu, Mädels.”
“Schon so spät? Ich muss nach Hause”, rief ich ängstlich.
“Ganz ruhig, ich habe deinen Papa schon angerufen, dass wir jetzt erst etwas essen und du dann nach Hause kommst. Er war einverstanden.” Puuuuh, war ich froh. “Danke”, dann futterte ich mich voll.

Auf dem Nachhauseweg vibrierte mein Handy. Eine WhatsApp von Joshua. Mein Herz legte gleich einen Salto hin.
“Guten Morgen, Baby. Hast du gut geschlafen? Ach so, Happy new year noch mal.”
“Hey Joshua, ja ich habe gut geschlafen, bin gerade auf dem Weg nach Hause.”
“Ich liege noch im Bett und träume von dir.” Ich lächelte.
“Dann pass auf, dass es kein Albtraum wird”, foppte ich ihn.
“Hab einen schönen Tag, wir sehen uns in der Schule.” Schwupps war er schon weg. Er war nicht mehr online, sodass ich ins Leere schrieb. Wer weiß, wann er es lesen würde. Er hätte ja wenigstens meine Antwort noch abwarten können, dachte ich mir enttäuscht. Mein Vater wünschte mir auch ein frohes neues Jahr und ich ihm, aber in den Arm nehmen

durfte er mich immer noch nicht. Das werde ich wohl nie wieder ertragen können. Ich lief zu Hause rum wie auf Wolken, das fiel sogar ihm auf.
“Elisa, Schatz, habe ich etwas verpasst?”, lächelte er mich an.
“Nö, wieso?”
“Du kriegst dein Grinsen nicht mehr aus dem Gesicht”, schmunzelte Papa.
“Nein, alles gut”, sagte ich gedankenverloren.
“Ist meine kleine Tochter vielleicht verliebt? Na? So ein kleines bisschen?” Mit Daumen und Zeigefinger deutete er einen kleinen Abstand an, was ‘ein bisschen’ bedeutete.
“Ich bin nicht verliebt. Ich habe einen Jungen kennengelernt, er war mit auf der Party. Geht auch auf unser Gymnasium.”
“Müssen wir jetzt zum Frauenarzt wegen der Pille?”, fragte mein Vater mich zweifelnd.
“Booaa Papa …”
“Ja, ich meine ja nur …”
“Nein, wir brauchen nicht zum Arzt. Ich werde keine Pille nehmen. Zur Not gibt es Kondome.”
Papa schien alles aus dem Gesicht zu fallen. Mit offenem Mund und erschrockenen Augen sah er mich an. Am liebsten hätte ich ihn angeschrien, wo seine Sorge denn damals um mich war!? Natürlich tat ich das nicht, hätte ich mich nie getraut, doch ich lachte ihn aus.

“Papa, das war ein Witz, ich habe keinen … also ich will nicht …” Es fiel mir unglaublich schwer, gerade mit ihm darüber zu reden. Er spürte das und hörte endlich auf.
“O. k., Elisa, aber du weißt, was Phase ist, ja? Du passt auf dich auf?”
“Ja, Herr Papa, ich bin schon groß.”
“Na hoffentlich”, seufzte Papa: “Meine Tochter wird langsam wirklich erwachsen.”
“Das dauert noch, alter Herr”, ärgerte ich ihn.
“Pass bloß auf junge Dame, sonst kitzele ich dich durch.”
Sofort zuckte ich zusammen, das Lachen erstarb auf meinem Gesicht. Er registrierte das sofort und lenkte vom Thema ab: “War die Party denn sonst gut?”
“Ja, es war sehr schön.”
Schnell verzog ich mich in mein Zimmer. Abends holten wir uns etwas zu essen vom Chinesen.

Was soll ich über meinen Vater jetzt sagen? Er war wie umgewandelt. Er schrie nicht mehr, schlug nicht mehr und fasste mich nicht an. Warum musste erst so etwas Schreckliches passieren?

Ratzfatz hatte mich der Schulalltag wieder. Doch es war anders. Joshua war da. In den Pausen standen wir oft zusammen, redeten und

alberten. Ich musste nur die richtige Dosis finden, denn Melli wollte ich auf keinen Fall vernachlässigen. Doch sie machte mir Mut: “Mach ruhig, Elli, ich komme schon klar.”
Ich nahm sie in den Arm: “Du bist die beste Freundin der Welt”, dabei küsste ich sie auf ihre Wange. “Das will ich doch schwer hoffen”, küsste sie mich zurück auf meine Wange.
Ich traf mich oft mit Joshua, wir hatten eine schöne Zeit.

Nach drei Wochen fragte er mich, ob ich ihn besuchen kommen würde, von Samstag bis Sonntag, Seine Eltern sind zu einem Kurztrip dann unterwegs.
“Ich werde nicht über Nacht bei dir bleiben dürfen.“
“Dann sag doch, dass du bei Melli schläfst.”
“Ich weiß nicht, wir kennen uns doch kaum.”
“Ich mache nichts, was du nicht willst. Bisschen was trinken, ne coole DVD schauen, Chips essen, schlafen – mehr ist es doch nicht. Bitte …” Bettelnd sah er mich an. Ich sollte bei ihm schlafen? Ganz gegen meine Überzeugung sagte ich zu. Dabei wollte ich das doch gar nicht. Ich hatte eine Riesenangst, mit einem Jungen allein über Nacht zu sein. Am meisten hatte ich Angst vor Sex. Regelrechte Panik überfiel mich dann, wenn ich nur daran dachte. Wenn er nun mit mir schlafen will?

Um Gottes willen, NEIN. Das wird er nicht. Wir sind noch gar nicht lange zusammen. Sollte ja nur ein chilliger Abend werden. Ganz wohl war mir bei dem Gedanken nicht, aber ich wollte auch keine Spaßbremse sein. Himmel, war ich unsicher. Hätte ich nur auf meine innere Stimme gehört.

Mein Vater erlaubte mir selbstverständlich, dass ich bei Melli übernachtete. Also ging ich zur verabredeten Bushaltestelle, wo er mich mit seinem Moped abholte. Seine Eltern hatten auch ein schönes Haus, nicht so groß wie unseres, es war alles ebenerdig gebaut, also keine Etagen, alle Räume auf einer Ebene, aber sehr gemütlich. Aus dem Wohnzimmer kam man auf eine schöne Terrasse, alles war supersauber und geschmackvoll eingerichtet. Selbst Joshuas Zimmer war sauber.
“Hast du extra sauber gemacht?”
“Nein, ich bin ein ordentlicher Junge.”
Ich lachte.
“Doch, das bin ich wirklich, ich hasse Unordnung.”
“Dann haben wir etwas gemeinsam. Ich habe es auch gern aufgeräumt.”
“Soll ich uns ne Pizza in den Ofen schieben?”
“Ja klar, gern.”
Die Pizzen brutzelten vor sich hin, währenddessen öffnete er eine Flasche Rotwein,

schenkte zwei Gläser ein und gab mir eins. Wir tranken Wein, aßen die Pizza, schauten uns irgendeinen Actionfilm an, obwohl wir kaum etwas vom Film mitbekamen. Wir knutschten und kuschelten den ganzen Abend. Mehr verlangte er tatsächlich nicht. Wie wird das bloß mit dem Schlafen? Joshua hatte ein Boxspringbett, in das wir bequem zu zweit passten. Ich lag in seinem Arm, er streichelte meinen Kopf und meinen Rücken, ich streichelte seinen Brustkorb. Immer wieder küssten wir uns. Es war wunderschön, irgendwann schliefen wir ein. Meine Angst war völlig umsonst.

Zwei Wochen später lud er mich wieder zu sich nach Hause über Nacht ein. Seine Eltern waren bei Bekannten und kamen am Sonntag erst wieder.
"Deine Eltern sind aber oft unterwegs", stellte ich fest.
"Eigentlich nicht, gerade ist es nur so. Sonst sind sie eigentlich immer da über Nacht."
Wieder erzählte ich meinem Vater, dass ich bei Melli schlafen würde. Obwohl ich so große Angst hatte, mit Joshua wieder allein zu sein, tat ich es. Hätte ich doch nur auf meine innere Stimme gehört.

Wie beim letzten Mal gab es Fertigpizza und

Rotwein. Wir aßen, knutschten und kuschelten. Es war wieder so schön. Doch es lag etwas in der Luft, das spürte ich. Joshuas Hände wurden immer fordernder. Das wollte ich nicht. “Hör auf”, flüsterte ich.
Sofort hob er seine Hände: “Schon gut, ich mache nichts”, lachte er mich an und zwinkerte mit dem Auge.
“Ich räume mal die Teller in die Küche”, bot ich ihm an. Darauf sagte er nichts, nickte nur. Gerade war ich damit beschäftigt, unsere Teller in die Spülmaschine zu stellen, da war er dicht hinter mir. Sanft drehte er mich zu sich um und küsste mich. Erst zärtlich und sanft, ich erwiderte seine Küsse. Er wurde immer fordernder, alle Alarmglocken gingen bei mir jetzt an. Ich wollte aus seinem Arm, doch er ließ mich nicht los.
“Hör auf … ”
“Ich mache doch gar nichts”, stöhnte er.
“Joshua … hör auf …”, ich wurde lauter. Doch er hörte nicht auf. Küsste meinen Hals, seine Hand schob sich unter mein T-Shirt und streichelte über meinen BH. Ehe ich mich versah, versank seine Hand darin und er spielte mit meinem Nippel. Ich wollte ihn wegstoßen, hatte aber nicht genügend Kraft. Was passiert hier? Nein, bitte nicht. Weiter konnte ich nicht denken.
Er drängte mich gegen die Küchenwand. Mit

einer Hand nestelte er jetzt unter meinen Rock, mit der anderen knetete er meine kleinen Brüste. Ich schaffte es nicht, ihn von mir wegzuschieben. Er nahm seine Hand von meiner Brust und drückte mich kräftiger gegen die Wand. Seine Hand wanderte unter meine Strumpfhose und unter den Stoff meines Slips. Er war wie von Sinnen. Joshuas Lippen waren überall in meinem Gesicht. Ich schrie ihn an: "Hör endlich auf … ich will das nicht!" Unbeeindruckt machte er immer weiter. Vor lauter Panik spannte ich alle Muskeln an und wollte ihn von mir stoßen. Keine Chance. Er war einfach zu stark. Ich war nur einssechzig groß und zierlich. Für ihn war es ein Leichtes, mich zu überwältigen. Alte Bilder blitzten auf, ich sah ihn und meinen Vater immer im Wechsel. Meine Gegenwehr war in diesem Wahnsinn erloschen. Plötzlich schob sich sein Finger in mich. Es tat so weh. Ich hoffte, dabei würde er es belassen und hielt still. Ein stechender Schmerz durchflutete mich, als er einen zweiten Finger nachschob. "Stopp … bitte … Stopp …", heulte ich.

Doch er stoppte den Horror nicht, ganz im Gegenteil. Sein ganzer Körper presste mich gegen diese verdammte Wand. Eine Hand in meinem Slip, holte er mit der anderen seinen steifen Penis heraus, zog sich blitzschnell ein Kondom über: "Mach dich locker", wies er

mich an und stöhnte. Ein scharfer Schmerz erfüllte meinen Unterleib. Meine Scheide brannte wie Feuer, als er mit roher Gewalt in mich eindrang. Vor und zurück stieß er immer wieder zu. Die Schmerzen waren nicht zu ertragen. Ich schrie wie verrückt. Es tat so höllisch weh. Joshua stöhnte immer lauter, ich machte nichts mehr. Unfähig mich noch zu bewegen, ließ ich ihn gewähren. Total schockiert war ich. Das war alles genauso geplant. Er hatte sogar ein Kondom blitzschnell bei der Hand.
Endlich war er fertig. Fassungslos stand ich da und sah vorsichtig an mir herunter. Erschrocken stellte ich fest, dass ich zwischen den Beinen blutete. Es lief an meinen Schenkeln hinab. Ich würgte, kämpfte aber tapfer dagegen an. Am liebsten hätte ich ihm ins Gesicht gekotzt. Dieses Schwein lächelte mich jetzt auch noch an: "Na siehst du, war doch gar nicht so schlimm. Zier dich doch nicht so, du wolltest es doch auch."
"Nein, das wollte ich nicht."

"Booaa, Elisa, mach doch jetzt keinen auf Mauerblümchen. Du siehst toll und sexy aus, machst dich super zurecht und dann wunderst du dich?" Ich dachte, ich hörte nicht richtig. Was sabbelte dieser Typ denn da für einen geistigen Dünnschiss?

"Soll ich eher mit einem Müllsack herumlaufen? Nur weil ich mich zurechtmache und schick für dich sein möchte, heißt das noch lange nicht, dass du mich vergewaltigen kannst." Ich war außer mir, zitterte am ganzen Körper. Wir standen uns atemlos gegenüber. Ich muss furchtbar ausgesehen haben und richtete demonstrativ erst mal meine Klamotten und fuhr mir durch die Haare.
"Hey … beruhige dich … es tut mir leid."
"Es tut dir leid? Was seid ihr Kerle nur für Schweine? Ihr glaubt, ihr könnt mit Mädchen machen, was ihr wollt? Lass mich bloß in Ruhe … für immer!!!"
"Wie jetzt?", fragte er auch noch dämlich.
"Wie jetzt …", äffte ich ihn nach: "Ich will mit dir nichts mehr zu tun haben, DAS JETZT."
"Nein, das meinst du nicht so."
"Oh doch … du vergewaltigst mich nie wieder."
"Vergewaltigt? Elisa … hey … das war doch keine Vergewaltigung", lächelte er unsicher.
"Ach nein? Ich wollte es nicht, hat dich nicht interessiert. Es tat sauweh, hat dich auch nicht interessiert, was war es denn deiner Meinung nach?"
"Liebe", sagte er dümmlich.
Das war zu viel für mich. Liebe? Wie ich es hasste. Liebe heißt Schmerzen? Liebe heißt gegen den Willen des anderen Sex zu haben?

Wie von selbst flog meine Hand mitten in sein Gesicht, ich riss meine Jacke von der Garderobe und stolperte in Panik aus dem Haus. Was sollte ich jetzt tun? Nach Hause konnte ich in diesem Zustand nicht. ‘Melli, bitte sei zu Hause.’ Ich rief sie an, zum Glück war sie da. Ich musste ein ganzes Stück laufen, aber irgendwann kam ich an. Fix und fertig und am Ende meiner Nerven. Sie öffnete die Tür auf mein Klingeln und ich stürzte mich in ihre Arme und weinte wie irre. Unzählige Nachrichten erhielt ich in dieser Nacht von Joshua. Es tat ihm ja so leid. Drauf geschissen. Mit dem wollte ich nie wieder etwas zu tun haben. Melli erzählte ich nur, dass wir uns böse gestritten hatten und ich weggerannt bin. Ich sagte ihr auch, dass ich Schluss gemacht habe.
“Echt? So schlimm?”
Ich nickte. Wir kuschelten uns in ihr Bett und ich weinte und weinte. Meine Unschuld hatte ich an Johua verloren, gewonnen hatte ich neue Narben auf meiner Seele.
In der Schule war er für mich Luft. Immer wieder suchte er den Blickkontakt zu mir, keine Chance. Mit dem war ich fertig.

Die Neue

Als ich am Sonntagmittag nach Hause kam, erwartete mich mein Vater schon.
“Hey Schatz, wie war es?”
“Gut”, sagte ich kurz und wollte in mein Zimmer.
“Kann ich mit dir reden? Ich muss dir etwas sagen.”
“Muss das jetzt sein?”, fragte ich genervt.
“Heute Abend ist es auch o. k.”, erwiderte mein Vater.
“Gut, dann heute Abend.”
Was war denn nun los? Was wollte er mir sagen?
Darauf hatte ich nun gar keine Lust, aber was sollte ich machen? Es schien ihm wichtig zu sein.
Ich setzte mich nach dem Abendessen aufs Sofa, er sich mir gegenüber in den Sessel.
“Was ist denn los?”, fragte ich ängstlich.
“Elisa, das Leben muss weitergehen, das weißt du, oder?”
“Ja.”
“O. k, die Mama ist jetzt schon lange nicht mehr da.”

“Das weiß ich auch. Papa, was willst du mir sagen? Ich gehe doch regelmäßig in die Schule

und du zur Arbeit. Ist doch alles normal.”
“Ich habe eine Frau kennengelernt, die würde ich dir nächsten Samstag gern vorstellen. Sie hat einen Sohn, der ist zwei Jahre älter als du, vielleicht versteht ihr euch ja und es ist wieder eine Frau im Haus … so jetzt ist es raus”, atmete er erleichtert aus. BÄÄÄÄM, die Ansprache hat gesessen. Eine neue Frau? Einfach meine Mama ersetzen?
“Bitte was? So schnell geht das bei dir? Mama ist weg und schwupps ist die nächste da?“ In diesem Moment hatte ich keine Angst vor ihm, ich war geschockt.
“Elisa, so ist das doch nicht. Das hat sich einfach so ergeben. Sie ist in der Bausparkasse auf unserer Bank tätig, hat dort neu angefangen und so haben wir uns kennengelernt. Glaub mir, sie ist wirklich nett.”
“Dann geht das schon eine Weile mit euch?”
“Ja, na ja, drei Monate ungefähr. Ich wollte mir erst sicher sein, bevor ich sie dir vorstelle. Sieh mal, irgendwann gehst du deinen eigenen Weg, ich werde nicht jünger und für immer allein bleiben möchte ich nicht. Das verstehst du doch, oder?”
“Mach, was du für richtig hältst Papa, aber nie werde ich zu ihr Mama sagen.”
Er lachte: “Nein, um Gottes willen, das musst du auch nicht. Sie heißt Katja und so kannst du sie auch nennen.” Jetzt hatte ich richtig Mut.

“Papa, wirst du mich wieder ohrfeigen … oder … so … Sachen …” Woher ich im Moment diese Tapferkeit nahm? Keine Ahnung. Es sprudelte einfach aus mir heraus.
“Nein, Elisa, niemals. Ich werde dir nicht weh tun, das verspreche ich dir.”
Dieser Satz reichte mir, mehr wollte ich darüber auch nicht reden. Konnte ich ihm glauben? Schenkte ich ihm Vertrauen? Sollte ich das überhaupt?
“Am Samstag gehen wir essen mit Katja und ihrem Sohn John? Meinst du, das kriegen wir hin?”
“John heißt der? Wer nennt denn sein Kind John?” Ich musste lachen, Papa stimmte mit ein.
“Na ja, Geschmäcker sind halt verschieden, Schatz.”
Ich lachte weiter: “Hoffentlich sieht er nicht so aus, wie er heißt.”
Wir lachten beide seit einer Ewigkeit mal wieder zusammen.

Der Samstag war da, meine Lust, diese Frau und ihren Sohn kennenzulernen, im Keller. Ich hatte mit Melli darüber gesprochen, sie machte mir Mut.
“Warte doch erst mal ab. Ich kann deinen Papa schon verstehen. Vielleicht ist sie ja gar nicht so verkehrt und der Abend wird toll. Wenn

dieser John süß ist, gib ihm meine Nummer”, lachte sie.
“Du Spinne”, neckte ich sie zurück.
Also auf in den Kennenlernabend.
Papa und ich waren schon im Restaurant und hatten Getränke für uns bestellt. Da kamen sie. Du lieber Himmel.
Aufgedonnerte, platinblonde Haare, knallroter Lippenstift, rote gegelte Fingernägel und ein kurzes Kleid, was nicht zu ihrer Figur passte. Meine Mama war zierlich, Katja hatte etwas Bauch, größere Brust und kräftige Oberschenkel. Aber gut, das hieß ja nicht, dass sie einen schlechten Charakter hatte, nur eben keinen Geschmack. Ihre Klamotten waren ein Klogriff.
Ihr Sohn? Ja, der sah ganz gut aus. Er begrüßte mich mit den Worten: “Hi, na du bist ja ne ganz Hübsche.“ Wie unangenehm. Doch ich bewahrte Contenance und bedankte mich für das Kompliment. Zum Glück hatten meine Eltern auf gute Erziehung und Tischmanieren Wert gelegt. Da war mein Vater ja sehr streng.
Dieser John hatte etwas an sich, was mich abstieß. Ich konnte es nicht benennen, was es war, aber irgendwas sagte mir: “Hüte dich vor diesem Typen.”

Katja war freundlich und sprach viel mit mir. Wie das eben immer so ist: “Neue Besen kehren gut", sagt man doch so. Der Abend wurde ganz nett. John drängte mir auch immer mal ein Gespräch auf. Wollte wissen, was ich so mache und was ich nach dem Gymnasium vorhabe. Das erzählte ich ihm und das war es dann auch. Gegenfragen bekam er von mir nicht.

Von diesem Abend an waren die beiden fast nur noch bei uns. Sollten sie machen, ich hatte mein eigenes Leben. Oft traf ich mich mit meinen Freundinnen, lernte für die Schule und las wieder viel. Von zu Hause bekam ich kaum etwas mit. Katja und John waren gefühlt immer da. John machte mir irgendwie Angst. Er starrte mich immer so an, zwinkerte mit dem Auge und wenn es niemand sah, fasste er sich immer provokativ in den Schritt, wenn ich ihn ansah. Ekelhaft dieser Typ. Eigentlich schade um ihn, er sah wirklich gut aus, könnte jedes Mädchen haben. Na ja, vielleicht hat er ja auch an jedem Finger eine. Ich traute es ihm zu.

Katjas Freundlichkeit schlug schnell um. Wenn mein Vater zu Hause war, dann ging es noch. Wenn er nicht da war, kommandierte sie mich herum, zum Beispiel wurde es zu meiner Aufgabe, die Bäder zweimal die Woche zu putzen, Betten zu beziehen, jeden Tag die Küche aufzuräumen und zweimal die Woche

durchzuwischen.
Zwischendurch musste ich aber auch noch für die Schule viel tun. Natürlich beschwerte ich mich bei meinem Vater über dieses Verhalten. Doch sie hatte ihn schon so geimpft, dass er wie ihr Sprachrohr war. “Elisa, es ist doch nicht schlimm, dass du Pflichten im Haushalt übernimmst. Die brauchst du doch auch für dein späteres Leben …” Blablabla.
“Aber doch nicht alles, was macht sie denn zu Hause? Oder ihr wunderbarer Herr Sohn? Sie haben sich doch hier ins gemachte Nest gesetzt.“ Mit dem Mut der Verzweiflung wollte ich meinem Vater die Augen öffnen.
“Sieh doch mal genau hin, Papa. Die macht sich hier einen schönen Lenz und ich darf alles machen. Ich kann ja nicht einmal mehr spontan zu Melli, ohne dass sie was dagegen hat. Ich bin doch nicht ihr Dienstmädchen.”

“Na ja … wenigstens was.”
“Aber deine Pflichten im Haushalt erledigst du, o. k.?”
“Papa, das ist zu viel, ich schaffe das nicht allein. Unser Haus ist ja nicht klein.”
“Bäder und Küche putzen ist doch nicht zu viel.”
“Und Wohnzimmer saugen und Staub wischen, bei euch im Schlafzimmer Staub wischen und saugen … das weißt du nicht, dass

das noch dazugekommen ist?"
"Oh … nein, o. k., Elisa, ich kläre das."
"Darf ich am Samstag zu einer Freundin, sie hat Geburtstag. Ich weiß nur noch nicht, wie ich nach Hause kommen soll. Magst du mir Taxigeld geben?"
Schon rief er John zu uns. Bitte nein, was soll das denn jetzt?
"John, hast du Samstagabend spät noch etwas vor oder bist du zu Hause? Elisa möchte zur Geburtstagsparty ihrer Freundin. Könntest du sie vielleicht von dort abholen?"
Ich widersprach: "Nein Papa, ich kann doch mit dem Taxi fahren." Nachts fuhr von dort oder hier leider kein Bus, wir wohnten nicht direkt in der Stadt.
"Klar doch, das mache ich sehr gern", antwortete er leider schon und zwinkerte mir zu.
"Kannst du Melli dann auch mitnehmen?", fragte ich kleinlaut.
"Klar", antwortete er.
Ich konnte einfach nichts dagegen tun, ich hasste diesen Typen. Doch es sollte noch eine Zeit kommen, in der ich ihn nicht nur hassen, sondern extrem fürchten sollte.

"Gut, dann ist das ja geklärt." Ohne Worte stand ich auf und ging in mein Zimmer. Katja schlief bei meinem Vater im Ehebett und für John wurde das Gästezimmer neu hergerichtet.

Das war ein großer Raum, den sie wirklich schön zurechtgemacht hatten. Katja gab ihre Wohnung auf und zog mit ihrem Goldjungen komplett zu uns. Was fand mein Vater nur an dieser Frau?

Die Sonne ging schon unter, die Tage wurden kürzer. Katja bereitete das Abendessen vor, was meistens kalte Küche bedeutete. Meine Mama hatte immer lecker gekocht an jedem Abend. In der Woche Kleinigkeiten, aber es war immer köstlich. Katja kocht nur am Wochenende und das nicht gut. Meiner Mutter konnte diese Frau nicht im Ansatz das Wasser reichen, nicht im Aussehen, nicht im Haushalt und gleich gar nicht beim Kochen. Sie war Engel und Satan in einem.

'Mama, ich vermisse dich so sehr. Ich komme niemals darüber hinweg, dass du nicht mehr leben wolltest.'
Schreckliche Tränen weinte ich in mein Kissen.
Ich hörte laute Stimmen. Mein Vater schrie, Katja schrie zurück. Leise ging ich zur Tür, öffnete sie und lauschte.
"Das ist ein junges Mädchen und sie braucht ihre Freunde Katja. Sie macht genug zu Hause, viel zu viel. Das Wichtigste ist ihr Abitur ...!"
"Soll es ja auch sein, aber Haushaltspflichten

haben noch keinem Mädchen geschadet."
"Ist ja auch in Ordnung, aber sie kann nicht alles machen. Das musste sie nie und ich möchte nicht, dass sie hier den Haushalt schmeißt."
"Also heißt das, dass ich nichts mache? Steffen, sie wird sich nicht totschuften mit dem bisschen."
"Elisa macht die Küche sauber und saugt einmal in der Woche durch die Räume. Die Bäder putzt sie einmal im Monat. Ansonsten lernt Elisa für die Schule und trifft auch mal wieder ihre Freunde. Das ist mein letztes Wort."
"Verwöhne sie ruhig weiter", schrie Katja ihn an.
"Nein, das mache ich nicht, aber was zu viel ist, ist zu viel … Punkt."
Eine halbe Stunde später wurde ich zum Essen gerufen. Es herrschte eine eisige Stimmung. Katja brodelte innerlich, das war deutlich zu spüren, schon platzte es auch aus ihr heraus: "Elisa, war es wirklich so schlimm, im Haushalt mit anzupacken?" Sie wusste ganz genau, dass sie mir Angst machte, denn wenn mein Vater nicht da war, beleidigte sie mich oder kommandierte mich herum. Also schüttelte ich artig den Kopf.
"Ich gehe auch den ganzen Tag arbeiten, John ist arbeiten, wie soll das denn laufen, wenn Elisa nicht mithilft?"

“Sie soll doch mithelfen, aber nicht alles allein machen. Schluss jetzt mit der Diskussion”, bei seinen Worten haute mein Vater mit der Faust auf den Tisch. Katja verstummte sofort, John sagte sowieso selten etwas und ich saß da wie ein verängstigtes Mäuschen.
“Dann kommt eben einmal in der Woche eine Putzfrau”, sprach Papa jetzt. Bitte? Eine Putzfrau? Meine Mama hat das Haus allein sauber gehalten und sich nie beschwert. Ganz im Gegenteil, sie musste sogar noch Prügel einstecken und die blöde Katja bekommt eine Putzfrau? Ich verstand die Welt nicht mehr.
“Ja gut, also Elisa, die Küche putzt du und saugst einmal in der Woche die Teppiche im Haus,
o. k.?”
Ich nickte unsicher.
“Einmal im Monat die zwei Bäder, ist das auch o. k.?”

Was war mit Papa los? Er fragte mich und redete von Putzfrau? Am liebsten hätte ich ihm ins Gesicht geschrien, dass es nicht o. k. ist. Die Dame des Hauses kann doch auch mal einen Putzlappen in die Hand nehmen und ihr Goldsohn ebenso. Diese Frau hatte einfach nur Luxusprobleme. Hausputz war ihrer nicht würdig. Wenn es nicht so traurig wäre, würde ich mich totlachen. Nur eine Stelle zum La-

chen gab es für mich nicht.
Unzählige Frauen gehen arbeiten, haben Kinder zu Hause und schmeißen den Haushalt. Und Madame setzt sich hier ins gemachte Nest und spielt die feine Dame? Die ist sie bei Gott nicht. Ein Problem mit dem Älterwerden hat sie definitiv. Ihre Klamotten passen nie wirklich zu ihrer Figur. Meistens kurze Röcke und enge Blusen, aufdringliche Farben, die überhaupt nicht zu ihr passten. Igitt. Einfach geschmacklos.
Was war das für ein sinnloses Gespräch? Mein Vater entwickelte sich langsam zu ihrem Schoßhündchen. Frauen schlägt man nicht, das ist richtig und auch für mich nicht nachvollziehbar. Doch diese Katja hätte manchmal eine Ohrfeige gebrauchen können, gemein und faul, wie sie zu Hause war. 'Papa, jetzt kannst du zeigen, was du kannst und tust es nicht', dachte ich bei mir. Ich sollte mir noch aus tiefster Seele wünschen, dass John von meinem Vater so richtig zusammengeschlagen werden würde.

O. k., ich putzte also jeden Nachmittag die Küche und freitags saugte ich die Böden. Tatsächlich kam jetzt einmal die Woche eine Putzfrau und putzte Bäder, Fenster, Böden und was so dazu gehörte. Meine Mama würde sich im Grab umdrehen, wenn sie das wüsste. Sie war immer so stolz auf unser schönes Haus, sie war für den Haushalt zuständig und Papa für den Garten und den Pool.

John

Endlich war es Samstag, ich freute mich auf die Geburtstagsparty. Zum Glück nahm John Melli nachher mit nach Hause, da war ich wenigstens nicht mit ihm allein im Auto.
Ich durfte bis um zwölf bleiben, bettelte aber um eine halbe Stunde länger. Keine Chance. Dann schrieb mir auch noch Melli, dass sie nicht mitkommen konnte. Ihr ging es nicht gut, sie war total erkältet. Nein, nicht das auch noch.
John sollte mich um zwölf abholen. Die Party war super, wir alberten herum, rissen Witze über die Jungs, die Jungs über uns, wir waren ganz normale Jugendliche und ich fühlte mich wohl bei meinen Freunden. Viel zu schnell verging die Zeit, ratzfatz war es Zeit, nach Hause zu fahren. Ich zog meine Jacke über, meine Freundin brachte mich zur Tür, John stand schon mit dem Auto da. Ich verabschiedete mich, stieg ins Auto.
"Na, hattest du Spaß?", fragte er mich.
"Ja", antwortete ich lustlos: "Ich freue mich nur noch auf mein Bett."
"Ach Elisa, du bist doch noch jung, da macht man die Nächte durch", lachte er überheblich.
"Warum machst du das denn nicht? Warum hast du Zeit, mich abzuholen und bist auch so

an den Wochenenden viel zu Hause?"
"Ich bin nicht so der Partytyp", sagte er knapp. Wir fuhren die Landstraße lang, die Strecke kannte ich im Schlaf. Ich schloss kurz die Augen, als ich sie öffnete, bog John gerade in einen Waldweg, fuhr noch ein Stück weiter und hielt an.
"Was machst du?"
"Steig aus!", befahl er mir.
"Was?"
"Aussteigen und auf die Rückbank!"
"Spinnst du? Nein!"
Da packte er mich im Genick und drückte schmerzhaft seine Finger in meine Haut. "Hör auf, drehst du durch?", rief ich geschockt.
"Mach, was ich dir sage, dann tu ich dir nicht weh!" Jetzt hatte ich richtig Angst. Ich tat, was er wollte. Vom Vordersitz krabbelte ich auf die Rückbank, sogar eine Decke lag auf dieser. Dieser Mistkerl, was hatte er vor? Natürlich hatte ich eine schreckliche Ahnung, doch es drang schwer in mein Bewusstsein. Das konnte einfach nicht wahr sein.
"So geht es natürlich auch", lachte John ekelhaft.
"Leg dich hin!"
"John, was willst du, hör auf mit dem Mist!"
"Halt deine Klappe und mach einfach, was ich sage. Glaub mir, ich kann auch ganz anders. Das willst du nicht erfahren." Mein Gott, was

war los mit dem? Panik kroch in mir hoch.
Ich legte mich auf die Rückbank, er verlangte von mir, dass ich meine Jacke und mein Oberteil auszog. Er startete den Motor und schaltete die Heizung ein. Oh, er möchte nicht frieren. Oder nahm er Rücksicht auf mich? Dass ich nicht fror? Wohl kaum. Ich war dem völlig egal. Ich zog mich bis auf den BH aus. Er zückte sein Handy und fotografierte mich.
"Und jetzt pass gut auf, kleine Elisa. Du sagst jetzt ganz lasziv, dass du mich willst und ich dich hart nehmen soll, o. k.?"
"Das kann ich nicht. John … bitte …"
"Mach einfach!"
"Und wenn nicht?"
"Dann werde ich dir sehr weh tun müssen."
"Das sieht Papa dann aber."
"Nein, so blöd bin ich nicht. Er wird es nicht sehen, es sei denn, du zeigst es ihm, das wirst du aber nicht. Glaub mir. Also sprich!"

Ich tat es und er filmte mich dabei. Immer wieder von vorn, weil ich zitterte und weinte. Es dauerte, bis er endlich zufrieden war. Es war eine Folter für mich. Was bezweckte er damit? Brauchte er das für sich in einsamen Nächten? Die Wahrheit war leider schrecklicher. Seine Augen waren dunkel und böse. Sein Gesicht wie eine Maske. Keine Regung, nur Gier.

“Mund auf!”
Ich schüttelte den Kopf. Er drückte mit seinen Fingern in meinen Kiefer und wie von allein öffnete sich mein Mund. Er holte seinen steifen Penis raus und rammte ihn mir in den Mund. Wieder machte er ein Foto. Ich würgte und bekam kaum noch Luft. Zum Glück war das scheinbar nur ein Fotomotiv, er zog sich zurück. Doch er war noch nicht fertig mit mir.
“Dreh dich auf den Bauch!”
Ich weinte mittlerweile nur noch, doch ich gehorchte. Als ich auf dem Bauch lag, zerrte er mir die Hose und den Slip runter, hob mein Becken mit einer Hand an und rammte seinen Penis in mich. Vor meinen Augen verschwamm alles, außer Ekel und Schmerzen war da nichts. Mit zugekniffenen Augen schrie ich wie eine Irre. Es tat so weh. Er rammelte wie ein Kaninchen, schneller und schneller, schmerzhafter und schmerzhafter. Er stöhnte wie ein Wilder, ich dachte, diese Schmerzen gehen nie vorbei. Ich schrie, weinte und flehte. Er hörte nicht auf. Hier draußen würde uns niemand hören. Ich konnte schreien, wie ich wollte, es war so entsetzlich. Nach einer Ewigkeit kam er endlich zu seinem Höhepunkt. Er stöhnte und zuckte, zog ihn aber raus, verströmte sein ekeliges Zeug auf meinen Po. Bitte lieber Gott, lass es jetzt vorbei sein.
“Wer hätte das gedacht? Ich glaubte, du hast

schon Erfahrung, aber du warst ja noch Jungfrau, kleine Bitch." John stieg aus dem Wagen und steckte sich seelenruhig eine Zigarette an. Die berühmte Zigarette danach. Regungslos lag ich auf dem Bauch und traute mich nicht, mich zu bewegen.

"Kannst dich anziehen, Bitch. Wir sind fertig für heute."

Jetzt erst sah ich das Blut an den Innenseiten meiner Oberschenkel. Dieses Schwein!!! Er hat mir nicht die Jungfräulichkeit genommen, wie er annahm wegen des Blutes. Er hat mich misshandelt, bis Blut kam. Meine Unschuld hat mir Joshua gegen meinen Willen genommen.

Wie abgebrüht kann ein Mensch nur sein? Ich zog mich an, blieb auf der Rückbank sitzen. John stieg wieder ein: "Komm wieder nach vorn!", verlangte er. Das tat ich natürlich, ich bestand nur noch aus Angst und Schmerzen.

War ich denn wirklich nur ein Sexobjekt? Damals für meinen Vater, dann für Joshua und jetzt für John? Warum? Was habe ich verbrochen, dass ich bestraft werden muss? Weiter konnte ich nicht denken, denn John machte jetzt seine Ansage: "Pass auf, Elisa, ich habe die Fotos und das Filmchen auf meinem Handy. Was meinst du, was deine Freundinnen und Klassenkameraden dazu sagen werden?"

Entgeistert sah ich ihn an, mit zitternder

Stimme, die nur noch flüstern konnte, kam es von mir: “Das machst du nicht wirklich.”
“Nein, keine Sorge, so fies bin ich nicht. Aber dafür machst du, was ich verlange. Wenn ich Sex von dir will, dann bekomme ich den, o. k.?” Ich konnte nichts antworten, ich war erschüttert und schockiert. Er legte eine Hand auf meinen Oberschenkel und drückte schmerzhaft zu: “O. K.?”
“Ja, o. k..”

Ich war total verängstigt und eingeschüchtert. Meinem Vater werde ich es sagen. Genau, das werde ich tun. Doch bei der Autofahrt kurz vor meinem Zuhause kam mir in den Sinn, was John gesagt hatte. Fotos und Filmchen in eindeutigen Situationen von mir. Sieht man mir darauf an, dass ich zu allem gezwungen wurde? Nein, ganz sicher nicht. Ich musste es ja immer wieder sagen und tun, bis er zufrieden damit war. Aber was passiert dann mit den Aufnahmen? Klar, man kann zur Polizei gehen, Anzeige erstatten und die Bilder löschen lassen. Wenn sie aber erst verbreitet sind, sind sie es. Jeder teilt und reicht sie weiter, einmal im Netz, immer im Netz. Was sollte ich bloß machen? Ich wollte nicht sein williges Sexobjekt sein. Hatte ich eine Wahl? Nein, die hatte ich nicht. Endlich zu Hause schleppte ich mich ins Bad. Kaum war ich dort, schaffte ich es gerade noch bis zur Toilette, wo ich mich heftig erbrach. Ich kotzte und kotzte. Zwischen meinen Beinen brannte es wie Feuer. Ich sah mich im Spiegel und erschrak. Meine Schminke war total verschmiert vom Weinen, meine Augen dick, von den Haaren ganz zu schweigen. Baden musste ich, unbedingt. Das Wasser war so heiß, wie ich es gerade noch ertragen konnte. Ich wollte mir dieses Dreckschwein von meinem Körper schrubben, das gelang mir leider nicht. Ekel lässt sich nicht abwaschen, zumindest nicht der, den man vor einem anderen Menschen und am meisten vor sich selbst hat.

Immer wenn Katja und mein Vater ausgingen oder sich mit Freunden trafen, musste ich ihm zu Willen sein. Ich habe schnell begriffen, dass die Sache im Auto nur der Vorgeschmack war. John war ein ganz perverses Arschloch. Er war grausam und nahm mir immer und immer wieder meine Würde. Dieser John liebte Analsex und Fesselspiele über alles. Vor Angst, Scham und Pein ließ ich alles über mich ergehen.
Ich schaffe es nicht, diese schlimmen Vergewaltigungen und Misshandlungen hier zu beschreiben, die er mir antat. Ich muss mich übergeben, wenn ich nur daran denke. Ich kann so viel sagen, dass ich jedes Mal blutete

zwischen meinen Beinen und aus dem Po. Ich verlor zweimal sogar das Bewusstsein vor Schmerz, wenn er in meinen Po eindrang ohne auch nur die allerkleinste Rücksicht. Kein Gleitmittel und nichts. Er rammte ihn mir hinein und rammelte vor und zurück, bis er mir sein ekelhaftes Zeug über Rücken und Hintern verteilte. Oft wischte er seinen Penis, der natürlich verschmutzt war von mir, an meinem Körper ab.
Für diese Schmerzen sind noch keine Worte erfunden, ich finde jedenfalls keines, was diese Qual auch nur annähernd beschreiben könnte.
Ich verurteile Analsex nicht, wer es machen möchte, soll es tun, aber bitte nur, wenn BEIDE damit einverstanden sind. Ansonsten möchte ich sagen, wer es nicht versteht, welche Qual es ist, gegen seinen Willen so etwas ertragen zu müssen, soll sich einen Dildo kaufen und einen guten Freund bitten, ihn sich in' Rektum rammen zu lassen ohne jegliche Rücksicht und Gleitmittel. Nicht beim ersten 'Aua' aufhören, sondern immer und immer wieder reinrammen, vor und zurück schieben, dann kann man sich die Schmerzen vorstellen. Ich sage das hier nur für die Menschen, die so etwas anderen gegen ihren Willen antun. Macht es bei euch selbst!!!

Mein Leben bedeutete mir nichts mehr. Ich

hatte zu nichts mehr Lust, nichts bereitete mir mehr Freude. Wie sollte ich die Woche überstehen, wenn die meisten Wochenenden eine Qual waren?
Katja musste mich jetzt nicht mehr kommandieren, das war ein Leichtes für John.
“Elisa macht heute das Abendessen, oder?”
Natürlich tat ich das.
“Elisa, hol mir mal eine Cola.” Das tat ich.
Wenn ich die Bäder putzen musste, gab sich John die größte Mühe, es wie einen Dreckstall zu hinterlassen. Er machte sich nicht einmal mehr die Mühe, mit der Toilettenbürste das Klobecken zu reinigen. Wie ekelhaft.
Auch Katja konnte mich kommandieren, wie sie wollte. Widerspruchslos tat ich alles, was von mir verlangt wurde.
Irgendwann bemerkte es Katja auch, dass ich alles tat, was die zwei von mir wollten, ohne zu murren.
“Was hast du denn mit unserer Elisa gemacht? Sie macht ja, was wir sagen”, lachte die blöde Kuh.
“Manchmal hilft freundliches Reden, Mama”, gab er zurück. Wie ich die beiden hasste. Diesen Hass kann ich nicht in Worte fassen. Nebenbei war ich dann auch seine kleine Bitch. Wenn mein Vater da war, kommandierte er mich natürlich nicht durch die Gegend.
Mit Papa verstand sich John super. Abends

fachsimpelten sie oft über Versicherungen und Geldanlagen sowie über Politik. Er war intelligent, das muss ich ihm lassen.

Ich konnte es doch auch niemandem erzählen, Riesenangst hatte ich vor den Aufnahmen. Wenn die die Runde machen würden, wäre ich ein für alle Mal erledigt. Niemand würde mehr mit mir etwas zu tun haben wollen, ich hatte sogar Angst, keine Ausbildung zu finden, denn John traute ich alles zu. Da sie ja bei uns wohnten, bekam er alles mit, was ich tat, wo ich mich bewerben würde und alles. Ich sah keinen Ausweg, nicht den kleinsten.

Meine Oma, die Mutter meiner Mama, sah mir an, dass etwas nicht stimmte. Bei ihren Besuchen fragte sie mich immer wieder, ob ich Kummer hätte: "Elisa Schätzchen, du siehst überhaupt nicht gut aus. Du bist ja völlig abgemagert und blass wie ein Porzellanpüppchen." Meine Tränen musste ich runterschlucken. "Ich habe Stress in der Schule", war meine Ausrede.
Mein Vater? Sah er mir nicht an, dass es mir richtig dreckig ging? Doch, auch er fragte mich. Von mir kam aber nur dieselbe Antwort wie bei Oma. Hätte er nicht genauer hinsehen können? John und ich sprachen fast nicht miteinander, auch nicht, wenn Papa da war. Das

muss ihm doch aufgefallen sein. Ich lachte nicht mehr, ich aß schlecht und an Schlafen war kaum noch zu denken. Wenn ich schlief, dann hatte ich die schlimmsten Albträume, wenn ich aufwachte, war mein Bett nass. Fast dreimal die Woche musste ich es neu beziehen.

John missbrauchte mich überall: In meinem Bett, in seinem Bett, in der Küche und im Bad. Mein Bett – mein Rückzugsort – auch den hat er mit seinem Dreck besudelt. Überall konnte ich dieses Schwein riechen.

In dieser Zeit dachte ich oft über den Tod nach. Was wollte ich noch auf dieser Welt? Schmerzen, Demütigung und Qual ertragen? Warum das alles und wofür?
'Mama, bitte hol mich zu dir. Ich will hier nicht mehr sein. Bitte, mach irgendwas, dass ich einschlafe und nicht wieder aufwache. Ich halte es hier nicht mehr aus. Du hast mir versprochen, auf mich aufzupassen, dann bitte mach es jetzt. Ich brauche dich mehr denn je.'

Meine Lernfreude war nicht mehr vorhanden. Zum Glück hatte ich trotz allem noch eine gute Auffassungsgabe, zu Hause gelernt habe ich nur ganz selten. Die Hausaufgaben erledigte ich gewissenhaft, das war es auch schon für

mich. Der Stoff wurde schwieriger, sodass ich mich jetzt auch zu Hause auf den Hosenboden setzen musste. Ich hatte keine Lust dazu. Meine Leistungen sackten ab. Unsere Klassenlehrerin bat mich nach der Mathestunde, noch da zu bleiben.
“Was ist los?”, fragte ich.
“Elisa, das würde ich gern von dir wissen. Deine Leistungen sind nicht mehr so gut. Du bist so still geworden, das freundliche Gesicht ist nahezu verschwunden.”
‘Was will die denn jetzt von mir? Ja, sie meint es gut, aber was soll ich denn machen? Ich darf nicht darüber reden.’
“Sagst du mir, wenn du Probleme hast? Ich helfe dir, wenn ich kann und du mir eine Chance dazu gibst.“
“Es ist alles in Ordnung, Frau Fischer”, gab ich höflich zurück. Sie atmete hörbar aus: “Warum glaube ich dir das nicht? Sieh mal, du warst eine der besten Schüler in deinem Jahrgang. Du bist jetzt nicht schlecht in deinen Leistungen, aber es ist ein Abwärtstrend zu beobachten. Das muss doch einen Grund haben.”
Ich zuckte nur mit den Schultern. Wie gern hätte ich ihr ins Gesicht geschrien: ‘Ich wurde von klein auf missbraucht von meinem Vater und jetzt von diesem Schwein John, meinem “Stiefbruder”‘. Das konnte und durfte ich doch

aber nicht. Wo sollte das bloß alles noch hinführen? Dieser Typ macht mich kaputt. Er reißt meine Seele in tausende Stücke. “Kann ich jetzt gehen?”

“Ja natürlich, bitte rede mit mir, wenn du Sorgen hast, ja?”
“Ja”, entgegnete ich Tränen unterdrückend.

Beim Abendessen ging es weiter, dieses Mal von meinem Vater:
“Elisa, deine Klassenlehrerin hat mich angerufen. Sie macht sich Sorgen um dich, weil deine Leistungen einbrechen?”
“So schlimm ist es doch gar nicht.”
Aus den Augenwinkeln sah ich John überheblich grinsen. Das gefiel ihm, am liebsten hätte er mich total zerstört, doch das hatte er schon. Ich bestehe doch nur noch aus Angst und Panik.
“Warum ist das so?”
Wieder zuckte ich nur mit den Schultern. Das schien meine Lieblingsbeschäftigung zu werden. Schulterzucken.
“Du hast dich allgemein verändert. Was ist los mit dir? Rede doch mit mir.“
Katja grinste jetzt auch noch dämlich. Die zwei würden ihr Vaterland verraten, wenn ich komplett versagen würde. In mir kroch Wut hoch. Mein Körper begann zu kribbeln, unan-

genehm, doch mutig.
“Du hast doch keine Ahnung, lasst mich doch alle in Ruhe”, ich sprang vom Stuhl, dieser kippte nach hinten um, schnellen Schrittes und wütend verließ ich die Küche.
“ELISA!”, schrie mir Papa hinterher. Es interessierte mich nicht. Doch er eilte mir nach, in meinem Zimmer bekam er meinen Arm zu fassen, schmerzhaft bohrten sich seine Finger in meinen Oberarm.
“Was ist los mit dir?”, schrie er mich an.
“Gar nichts”, blaffte ich zurück.
“Wovon habe ich keine Ahnung?”, fragte er mich laut.
“Von überhaupt nichts”, schrie ich ihn an. Ehe ich mich versah, flog seine Hand auch schon in mein Gesicht. Erschrocken hielt ich meine Wange, die wie Feuer brannte. Da war er wieder, mein Herr Papa. Ich wurde immer zorniger, Tränen der Wut und Verzweiflung bahnten sich ihren Weg.
“Papa … du wolltest mir nicht mehr weh tun, das hast du mir versprochen”, schluchzte ich.
“Du lässt mir doch keine Wahl, Elisa. Sackst in der Schule ab, sagst nicht, was los ist. Ich möchte doch nur, dass du ein gutes Abitur machst, das Zeug dazu hast du allemal. Verbaue dir noch nichts.”
“Es ist doch eh alles egal”, gab ich jetzt leise zurück. Meine Wut verschwand langsam. Wie

gern würde ich jetzt alles sagen. Sollte ich das tun …? In Sekunden rasten die Gedanken durch meinen Kopf, der schon wehtat. Nein, das konnte und durfte ich nicht. Wenn John die Bilder und das Filmchen veröffentlichen würde, wäre nicht nur mein Leben im Eimer, sondern auch Papas. Wer möchte schon so eine Schlampentochter haben, zu der mich John machte? Ich konnte und traute mich einfach nicht.

"Unter der Woche bleibst du zu Hause und lernst, mein Fräulein. Jedes Wochenende gibt es auch keine Partys mehr."

Wohnte er in demselben Haus wie ich? Jedes Wochenende Party? Ich war doch fast nur noch zu Hause.

"Wann gehe ich denn mal weg? Ich darf doch gar nicht. Da sorgt Katja schon dafür."

"Wenn das so ist, dann wird sie ihre Gründe haben."

"Warum ballerst du der nicht mal richtig eine ins Gesicht? Diese Frau ist einfach nur furchtbar und ihr Sohn ist noch schlimmer", schrie ich, jetzt wieder wütend, meinem Vater ins Gesicht.

"Elisa, es reicht!", brüllte er zurück. Ich dachte, er schlägt wieder zu, tat es aber nicht.

"Das Einzige, was zählt, ist dein Abitur."

"Das will ich auch schaffen, Papa", funkelte ich meinen Vater an.

“Also sind wir uns einig. Lernen, lernen, lernen.“
Schulterzucken meinerseits.

Ich war so müde, so unendlich müde. Mir ging es mittlerweile so schlecht, dass ich mich sogar dazu herabließ, meinen Vater zu betteln, mit Katja nicht wegzugehen, wenn sie etwas vorhatten.
“Papa, bitte geht nicht weg. Oder nehmt mich mit”, flüsterte ich dann zitternd.
“Elisa, das ist nicht dein Ernst. Du bist doch kein kleines Mädchen mehr. Gönnst du uns nicht auch ein bisschen Spaß?”
“Bitte bleib da”, kam es nur von mir.
“Schau in deine Schulbücher oder geh doch zu Melina. Sie kann auch herkommen. Elisa, Schatz, du bist schon ein großes Mädchen”, bei seinen Worten tätschelte er meinen Hinterkopf und die Sache war erledigt. Ich durfte doch kaum noch zu Melina. Hat er das vergessen? Außerdem ließ mich John gar nicht gehen, doch das konnte ich ihm schließlich nicht sagen. Was sollte ich nur tun? Es war so sinnlos. Warum sah er denn nicht, wie mies es mir ging? Hätte er nicht mal genau hinsehen können? Seine Tochter, das Sexobjekt. Hätte er mich vielleicht in den Arm nehmen sollen und mit mir über alles reden? Hätte ich das ge-

konnt? In den Arm nehmen konnte er mich allerdings immer noch nicht. Einmal war es fast so weit, Papa umarmte mich, sofort versteifte ich mich. Das spürte er und ließ mich sofort los. Also hatte sich das auch erledigt. Trotzdem muss man als Vater doch sehen, wenn seine Tochter unbeschreiblich leidet. Auch wenn sein Mädchen ihre Pein mit Worten nicht zum Ausdruck bringen konnte, musste er das doch sehen. Ich sah wirklich schrecklich aus.

Mit meinen Freunden traf ich mich fast gar nicht mehr. Am liebsten stand ich in den Pausen allein auf dem Schulhof. Melina fragte mich so oft, warum ich kaum noch zu ihr komme.
“Elli, warum kann ich eigentlich nicht mehr zu dir? Wollen wir nicht mal wieder eine Poolparty veranstalten? Auch mit John?”, schelmisch lächelte sie mich an. Jetzt hat sich auch noch ein Auge auf den geworfen. Ja das stimmt schon, er sah wirklich gut aus, aber sein Charakter war an Hässlichkeit und Grausamkeit nicht zu überbieten.
“Hat er eigentlich eine Freundin?”
“Keine Ahnung.”
Schon als sie nur seinen Namen aussprach, zuckte ich zusammen. Niemals würde ich sie wissentlich in seine Nähe lassen.

“Nee, bei mir ist es megamies, seit die Alte und der Bekloppte bei uns wohnen. Ich bin froh, wenn ich da raus bin.”
“So schlimm?”
“Schlimmer!!!”
Melli sah mich entgeistert an.
“Oh … dieser John sieht doch aber gut aus.”
Schon wieder kroch Wut und Verzweiflung in mir hoch. Bloß jetzt nicht weinen.
“Booaa Melli, er ist ein verdammt mieses Arschloch. Glaub mir doch einfach … man!”
“Ja, ist ja gut, reg dich ab, Elli. Was ist bloß los mit dir? Hey, ich bin deine beste Freundin, rede doch mit mir.“ Mitleidig sah sie mich an. Meine liebe Melina, sie war meine liebste Freundin, doch ich konnte nicht mit ihr reden. Niemals würde ich mit ihr über meine Qualen reden können. Ich durfte es nicht. So schrie ich sie nur an: “Du kannst mich mal”, damit ging ich auf die Schultoilette. Dort schloss ich mich in eine Kabine ein, so wie fast jeden Tag und weinte. Meine Müdigkeit war extrem. Es kam sehr oft vor, dass ich auf der Toilette in der großen Pause meine Augen schloss. Ich wollte nur kurz einschlafen, doch sofort war Johns Fratze vor meinen Augen, panisch schreckte ich hoch.

Mir ging es zusehends schlechter, doch ich riss mich zusammen und lernte für die Schule.

Konzentrieren konnte ich mich kaum, am besten klappte es, wenn John etwas vorhatte. Er war nicht jedes Wochenende zu Hause, aber wenn mein Vater und Katja ausgingen, war er IMMER da. Immerhin war sein Spielzeug ja auch hier.
Hatte er eine Freundin? Keine Ahnung und wenn, tat sie mir jetzt schon leid.

Meine Nächte waren nach wie vor schrecklich. Albträume und Schlaflosigkeit quälten mich in jeder Nacht. Hörte das nie auf, was John mir antat? Ich kann ja nicht einmal mit achtzehn Jahren ausziehen. Wovon sollte ich leben und Miete bezahlen? Einen Job suchen während meiner Ausbildung? Reichte das Geld dann aus? Vielleicht würde mich Papa finanziell unterstützen? Ich nahm mir vor, ihn zu fragen. So schnell wie möglich.
Papa war in seinem Arbeitszimmer, ich nahm allen Mut zusammen und klopfte an seine Tür, jetzt oder nie. Lächelnd sah er mich an, als ich eintrat: "Hey Schatz, ich habe wirklich zu tun."
"Ich muss dringend mit dir reden, Papa."
"O. k., was hast du auf dem Herzen?" Seit der letzten Ohrfeige hatte ich wieder extreme Angst vor ihm, trotzdem musste das jetzt sein.
"Papa … ich würde … also … ich …", stotterte ich herum. Mein Herz schlug so sehr, dass

es fast aus meiner Brust sprang.
“Ganz langsam, Elisa, was ist los?”
O. k., raus damit, Elisa, dachte ich nur noch, dann sagte ich mutig:
“Papa, ich würde gern ausziehen, mir einen Job suchen neben meiner Ausbildung, doch ganz wird es dann nicht reichen. Meinst du, du könntest mich während meiner Ausbildung dann finanziell unterstützen?” Jetzt war es raus. Mit großen Augen sah mich mein Vater entgeistert an.
“Warum das denn? Ausziehen? Du hast doch hier alles, was du brauchst. Dein Abitur steht vor der Tür, dann deine Ausbildung. Du wärst ja dumm, wenn du jetzt allein wohnen würdest. Leg dir dein Ausbildungsgehalt weg und spare es, dann kannst du immer noch in ein eigenes Leben starten.”
“Also hilfst du mir nicht?”
“Warum möchtest du denn ausziehen?”, fragte er mich wieder.
“Ich möchte allein sein, für mich ganz allein.”
“Elisa, das muss doch einen Grund haben.”
‘Los sag es ihm endlich’, schoss es mir durch den Kopf, doch kein Laut diesbezüglich verließ meine Lippen.
“O. k., Schatz, ich denke mal, du meinst, du bist erwachsen und schaffst das alles allein. Das kann ich sogar verstehen. Du bist noch so jung und willst beweisen, dass du das kannst.

Aber … ich werde dich nicht unterstützen, bis du mit deiner Ausbildung fertig bist. Du hast hier alles, was du brauchst und Taschengeld bekommst du ja wohl auch genügend."
"Das brauche ich nicht, gehe doch fast nie weg."
"Trotzdem … Schluss damit. Du machst dein Abitur, dann deine Ausbildung und vorher brauchen wir über nichts anderes nachzudenken."
"Papa … bitte, ich bin bald volljährig."
"Nein und jetzt Schluss mit den Flausen. Auch mit achtzehn stehst du noch nicht auf eigenen Beinen. Wie gesagt, du hast alles, was du brauchst."
Tränen bahnten sich schon wieder ihren Weg. Bettelnd sah ich ihn an. Er sagte nichts mehr, wandte sich seinen Akten zu. Das war nichts. Also ging ich. Das sind noch drei Jahre, die ich hier aushalten muss.

Wäre einfach abhauen eine Option? Nein, wohin hätte ich auch gehen sollen? Am besten wäre der Tod. Dann müsste ich nicht mehr leiden. Scheinbar hatte das Leben weiter nichts als Leid und Schmerz für mich übrig.

Wieder ein Samstag, an dem Papa und Katja zu Freunden wollten. Betteln, dazubleiben nützte nichts. Also war ich mit John allein.

Nur der Gedanke daran ließ mich am ganzen Körper zittern.
Ich stand gerade in der Küche an der Spüle, da spürte ich ihn hinter mir. Erschrocken wollte ich mich umdrehen, da hielt er meine Schultern fest: "Bleib so!", befahl er mir. Schon sah ich einen Schal vor meinem Gesicht. Will er mich jetzt erwürgen?
'Ja, bitte, bitte, mach das, dann habe ich das verfluchte Leben endlich hinter mir.'
Stattdessen verband er mir meine Augen, nahm mich an den Händen und führte mich in sein Zimmer. Kaum dort angekommen, stieß er mich auf sein Bett. Ich wappnete mich innerlich vor den Schmerzen. Unkontrolliert zitterte ich wie Espenlaub.
"Man, Bitch, deine Flatterei kann langsam mal aufhören, das ist ja fürchterlich."
"Da stehst du doch drauf du Arschloch, meine Panik macht dich doch richtig an, oder?" Ich konnte nicht anders, als ihm diese Worte zuzuschleudern. Daraufhin verpasste er mir eine schmerzende Kopfnuss. "Halt dein vorlautes Maul, das kannst du mit deinem Vater machen, aber nicht mit mir."
"Zieh dich aus!" Ich gehorchte. Meine Augen blieben die ganze Zeit verbunden. John legte mir ein Stück Stoff in die Hand: "Anziehen." Es war ein Slip, den zog ich an und spürte, dass er an den intimen Stellen offen war. Mein

Gott, nein, bitte nicht.
“Leg dich auf den Rücken und spreize deine Beine!” Vor ihm lag ein willenloses Etwas, denn mehr war ich nicht mehr.
“John … bitte … hör auf damit …!”, versuchte ich es bettelnd. Sinnlos, er labte sich immer wieder aufs Neue an meiner schrecklichen Angst. Ich sah nichts und er war auch ganz still. Was machte er? Schon hörte ich seine Worte: “So, die Bilder und noch ein Filmchen sind auch im Kasten.” Er hat mich wieder fotografiert und gefilmt. Wie demütigend. Er warf sich auf mich und drang in mich ein. Kondome benutzte er, aber Gleitcreme oder etwas in der Art verwendete er nie, er wollte mir einfach nur entsetzlich weh tun. Ich schrie meinen Schmerz heraus.
“Sei endlich still und mach dich locker, dann tut es auch nicht weh, Bitch, meine kleine süße Bitch.” Es war so ekelhaft und erniedrigend. Ich versuchte, mich zu meiner Mama zu träumen, es gelang mir nicht. Der Schmerz war zu groß. Endlich zog er sich aus mir zurück, doch ich wusste, dass meine Pein noch lange nicht zu Ende war. So kam es auch. Er drehte mich auf den Bauch, band meine Hände über meinem Kopf mit Handschellen zusammen, befestigte sie am Bettgestell und drang in meinen Po ein, nicht nur ein bisschen, sondern richtig. Immer wieder stieß er brutal zu. Diese

Schmerzen zerrissen mich jedes Mal. Ich drehte und wand mich unter ihm vor Schmerzen, mein Bewegungsradius war allerdings sehr eingeschränkt. Mein Rektum kämpfte mit Krämpfen gegen den Fremdkörper an, es ist einfach unbeschreiblich, eine schreckliche Folter, John genoss diese Misshandlungen immer wieder aufs Neue. Als er endlich fertig war und sein Sperma auf mein Hinterteil verteilt hatte, nahm er mir die Augenbinde ab. Ich blieb regungslos liegen und weinte wie verrückt. Mein Po und meine Scheide brannten wie Feuer. Ich fühlte mich in Fetzen gerissen.
“Wir sind noch nicht fertig, auf mit dir ins Bad!” Ich konnte kaum laufen, ich spürte, wie etwas aus mir sickerte. Blut? Sperma? Es konnte nur Blut sein, denn in mir kam er zum Glück nie. Das hätte noch gefehlt, von so einem Perversling schwanger zu werden. Kondome könnten aber auch reißen. Bitte nicht schwanger werden. Es war Blut.
Mit zitternden Knien schleppte ich mich ins Bad. Ich lief gekrümmt wie eine Oma. Aufrecht stehen oder gehen gelang mir nicht. Es tat einfach zu weh. John drehte den Hahn der Dusche an und sich darunter. Ängstlich sah ich ihn an und bemerkte, dass sein Penis mit meinem Kot verschmiert war. Was hatte er jetzt vor?

“Du wäschst mich jetzt sauer, Bitch, hopp hopp!”, meine Pein machte ihn so richtig an. Überall seifte ich ihn ein, wusch ihn wieder ab. Ich quälte mich unter extremen Schmerzen, ihn zufriedenzustellen. Meine Kraft war am Ende. Endlich fertig. Doch falsch gedacht. Er drehte die Dusche ab. Ich hockte auf dem Boden, denn ich war zum Stehen kaum fähig. John griff in meine Haare, zog somit meinen Kopf bis zu seinem Schritt: “Nimm ihn in den Mund, es wird eine Weile dauern, weil ich erst mal wieder in Fahrt kommen muss, aber meine kleine Bitch schafft das schon.” Abartige Mistsau!!!
Natürlich machte ich das sofort, ich gab mir alle Mühe, dass es schnell vorbeiging, doch es dauerte eine Ewigkeit, bis er endlich kam. Sofort ließ ich seinen ekeligen Schwanz aus meinem Mund gleiten. Er stopfte ihn mir sofort wieder rein: “Schön schlucken.” NEIN! Erniedrigung pur. Das ging überhaupt nicht. Ich spuckte ihn aus und krabbelte auf allen Vieren zur Toilette. Ich erbrach und erbrach mich immer wieder. Es kam schon nur noch grüne Gallenflüssigkeit, ich würgte und würgte.
“Na dann noch viel Spaß beim Kotzen, kleine Bitch.” Endlich war ich allein. Ich erbrach mich, ich weinte und wusste vor Schmerzen mal wieder nicht wohin mit mir. Ich setzte mich in die Wanne und schrubbte mich wie

eine Wahnsinnige. Wie immer nach seinem Missbrauch. Dass ich überhaupt noch Haut an mir hatte, so wie ich mich abscheuerte, grenzte an ein Wunder. Knallrot war ich überall. Blut sah ich im Wasser, nicht viel, aber trotzdem hatte er es wieder geschafft. Sein Sperma roch ich überall an mir. Nach dem Baden schrubbte ich meine Zähne und meine Zunge. An jeder noch so kleinen Körperstelle fühlte ich dieses Schwein an mir.
Ich hielt dieses Martyrium monatelang aus. Für mich gab es keine andere Wahl.

'Ich schaffe das nicht mehr.'
STERBEN! Ja, das wollte ich. Einfach sterben. Auf das Leben hatte ich schon lange keine Lust mehr.

Erlösung

Es war ein Freitagabend, der mir eine positive Wendung in mein Leben bringen sollte. Katja eröffnete uns beim Essen:
"John hat einen guten Job in seiner Versicherung angeboten bekommen. Er würde mehr verdienen und in eine andere Position aufsteigen."
"Hey John, herzlichen Glückwunsch. Das freut mich, wenn junge Menschen Karriere machen", freute sich mein Vater.
John sah mich an, grinste arrogant, ich sagte kein Wort. Wie egal war mir dieser Typ und sein Job? Ganz andere Sorgen plagten mich.
"Dafür muss er aber in eine andere Stadt ziehen. Wir schauen schon nach Wohnungen, haben auch eine ansprechende gefunden. Die schauen wir uns am Montag an. Ich habe Urlaub genommen, um ihn bei der Wohnungssuche zu unterstützen."
"Und Möbel?", fragte mein Vater.
"Ich habe Geld zurückgelegt, seit John auf die Welt gekommen ist. Den Unterhalt von seinem Vater habe ich ebenfalls dazugepackt, sodass es jetzt genügend ist, eine Wohnung einzurichten. John verdient auch ganz gut, das dürfte alles kein Problem sein."
"O. k., das ist gut so. Siehst du, Elisa, so geht

das. Abitur, Ausbildung, im Beruf immer das Beste geben, Geld sparen und dann auf in die Welt."
Blablabla. Doch innerlich triumphierte ich. Er wollte hier weg? Das abartigste Stück, was ich kannte, sollte hier nicht mehr wohnen? Ich traute mich gar nicht, das wirklich zu glauben.
"Welche Stadt ist es denn? Ist es weit weg?", fragte ich leise.
Voller Stolz platzte sie es raus: "Frankfurt am Main."
Ui, das war weit. Unauffällig googelte ich es sofort unter dem Tisch, es waren fast 400 km von uns. Wir wohnten in der Nähe von Hannover. Am liebsten wäre es mir gewesen, er hätte das Land verlassen. Weg mit ihm an das andere Ende der Welt.
"Oh … in Frankfurt stehen dir alle Möglichkeiten offen", sagte mein Vater stolz.
"Ja, ich weiß, aber ich werde der Versicherung treu bleiben. Der Verdienst ist super und ich habe denen auch viel zu verdanken."
In mir machte sich Hoffnung breit. Sollte mein elendiges Leben endlich vorbei sein?
"Wann geht es denn los?", fragte ich leise.
"Du willst mich schnell loswerden, Schwesterchen, oder?", lächelte er mich bösartig an, diesen Blick verstand nur ich. Wie gern hätte ich ihn angeschrien: 'Ja, du Schwein, ganz, ganz schnell bitte und tritt mir nie wieder unter die

Augen. Du bist abartig, grausam und ekelhaft.' Kein Wort kam jedoch aus meinem Mund.

"In zwei Wochen bin ich weg, sollte das mit der Wohnung klappen, ich muss mich dann noch einrichten und in vier Wochen startet mein neuer Job als Abteilungsleiter für gewerbliche Versicherungen und für Immobilienversicherungen." Seufzend lehnte er sich in seinem Stuhl zurück und bildete sich einen Furz ein. Katja strahlte über ihr ganzes Gesicht, meinem Vater sah man den Stolz auch an. Mir war John völlig egal. Für mich zählte nur, dass er endlich aus unserem Haus verschwand.

"Und wenn es mit der Wohnung nicht klappt, was machst du dann?", fragte Papa.

"Dann finde ich eine andere Bleibe, da ich gutes Geld verdiene und mit dem, was Mama für mich gespart hat, dürfte das kein Problem sein. Einige schöne Wohnungen habe ich mir schon ausgesucht, die sind sogar noch frei. Nicht billig, aber das ist egal. Hauptsache schick und mit der Bahn gut zu erreichen. Durch Frankfurt möchte ich nicht jeden Tag im Berufsverkehr fahren müssen."

"Du bist dir wohnungsmäßig ziemlich sicher, oder?", fragte mein Vater.

"Klar, ich finde etwas. Da bin ich überzeugt davon."

"Viel Glück, mein Junge", wünschte Papa

ihm.
“Danke”, dabei sah John aber nicht ihn an, sondern mich.

Diese Nachricht musste natürlich gefeiert werden. Gleich am nächsten Tag gingen wir in unser Lieblingsrestaurant. ‘Bitte bitte, sei ganz schnell von hier verschwunden, lass es mit der Wohnung klappen’, waren meine Gedanken immer wieder an diesem Abend.
Zum Glück hatte er für mich “keine Zeit mehr.“ Als der Tag endlich da war, wo er abreiste, war ich so glücklich. Ich hätte die ganze Welt umarmen können. Katja weinte beim Abschied: “Nicht weinen, Mama, wir können uns doch besuchen.“
‘Ja, aber dann bitte in Frankfurt und ohne mich’, dachte ich nur und sagte: “Tschüss.“ John nahm meine Hand, bedachte sie mit einem Handkuss: “Mach’s gut, kleine Schwester.” Nur ich deutete seinen kranken, gierigen Blick. Schnell zog ich meine Hand weg und ging ins Haus.
Er war weg! Endlich weg!

Wochen vergingen, bis ich es wirklich realisierte, er kann mir nicht mehr wehtun. In den ersten zwei Wochen erhielt ich noch immer Nachrichten von ihm, in denen er mich an die Bilder und Filmchen erinnerte. Als ob ich die-

sen Umstand jemals vergessen könnte.
Trotzdem besserte sich meine Stimmung nach Monaten merklich, Melli war froh, dass ich mich wieder, wenn auch nur sehr langsam, in ihre Elisa verwandelte, meine schulischen Leistungen wurden besser, nur mit dem Schlafen haperte es noch. Meine Albträume ließen mich nicht los, mein Bett war öfter morgens nass, daran verzweifelte ich fast. Schritt für Schritt gelang es mir, mein Leben wieder in eine positive Richtung zu lenken. Es artete in Lernbesessenheit aus. Ich lernte, was das Zeug hielt. Fast nichts anderes interessierte mich mehr, als Lernen.

Die nächsten Monate gingen ins Land.

Mein achtzehnter Geburtstag stand vor der Tür. Ich wollte mit meinen Freunden in einem Club feiern, keine große Location, aber sehr schön. "Willst du wirklich ohne uns feiern?", fragte mich mein Vater.
"Papa, willst du da etwa mitkommen?", lachte ich.
"Warum nicht?"
"Ähm ...", kam es nur von mir.
"Spaß, Elisa, natürlich sollst du mit deinen Freunden feiern. Aber bitte nicht deine gute Erziehung vergessen und dich volllaufen lassen.“

“Um Himmels willen, ich werde nicht betrunken sein, das weißt du doch.”

Mein großer Tag brach an, es war ein Samstag. Perfekt!
Herrlicher Kaffeeduft lag im Haus, hm lecker. Papa rief schon:
“Elisa, komm frühstücken ins Esszimmer.” Oh, im Esszimmer? Sonst frühstückten wir immer in der Küche, die war auch schön groß und schick. Als ich dort eintrat, war der Tisch superschön gedeckt, mit Kerzen und Girlanden war der Raum dekoriert. Eine Riesentorte mit der Aufschrift “Happy Birthday Elisa” stand in der Mitte des Tisches, achtzehn Kerzen brannten. Papa und Katja gratulierten mir, die Kerzen pustete ich aus, doch ich wünschte mir nichts. Ganz fest schloss ich meine Augen und dachte an meine geliebte Mama. Wie schön wäre es, wenn sie hier bei mir sein könnte. Schon purzelten ein paar Tränen über meine Wangen. Mein Vater kam zu mir und nahm mich in den Arm. Ich ließ es zu, zum ersten Mal. Am Anfang war es komisch, dann ließ ich mich fallen. “Warum weinst du denn, Schätzchen?”
“Ich habe an Mama gedacht”, heulte ich. Er streichelte über meinen Rücken, bis ich mich beruhigte. Wir setzten uns an den Tisch, Katja war extrem ruhig heute.

“Mach deine Geschenke auf”, mein Vater war fast aufgeregter als ich.
Eine kleine Schachtel und ein Kuvert lagen vor mir. Zuerst öffnete ich dieses. Es erhielt einen Gutschein für den Führerschein. Über mein ganzes Gesicht strahlte ich Papa an. Als ich die Schachtel öffnen wollte, sagte er: “Nimm sie mit und komm mit vor die Tür.” Er nahm Katja an die Hand, zog sie mit sich. Kurz vor der Eingangstür sagte er, dass ich die Schachtel öffnen sollte. Dabei öffnete er die Tür, in dem kleinen Karton erblickte ich einen Schlüssel. Sollte das ein Autoschlüssel sein? Nee niemals. Mein Vater nahm mich an der Schulter und dirigierte mich vor unser Haus. Da stand ein roter VW Golf, ich traute meinen Augen nicht und realisierte auch erst gar nicht, dass ich einen Autoschlüssel in der Hand hatte, der für dieses Auto gedacht war.
“Es ist kein neues Modell, aber für das Aneignen von Fahrpraxis reicht der erst mal oder?”
“Der ist für mich?”
“Ja, mein Schatz, der ist für dich. Natürlich musst du erst noch den Führerschein bestehen, aber da habe ich keine Angst, das machst du mit links, wie ich dich kenne.”
Katja sah nicht so fröhlich aus, ich wusste, dass sie mir das nicht gönnte, das Auto nicht und auch kein Glück. Sie war eine missgünstige Person, die nur an sich und ihren Sohn

dachte.
Als ich mich am späten Nachmittag für meine Party zurechtmachte, hörte ich sie: “Es musste doch nicht gleich ein Auto sein, was willst du ihr zur Hochzeit schenken? Einen Porsche?”
“Elisas Mama und ich haben, genau wie du für John, ein Sparkonto angelegt, wo wir jeden Monat Geld eingezahlt haben. Seit dem Tod ihrer Mutter legte ich die Halbwaisenrente dazu. Somit kann ich ihr das bieten.”
“Davon hätten wir einen schönen Urlaub machen können.”
Was war das für eine Frau? Was Mama und Papa an Geld für mich weggelegt hatten, geht die doch einen feuchten Kehricht an. Sie hat es doch mit ihrem John genauso gemacht, vielleicht nicht so viel wie meine Eltern, weil sie mehr Geld hatten, aber trotzdem. Das ging die Schnepfe überhaupt nichts an. Wie sehr hasste ich diese Frau.

Ben

Endlich war es abends um neun, mein Papa fuhr mich zur Party. Alle meine Freunde waren schon da. Als ich eintrat, sangen sie gemeinsam: “Happy Birthday to you …”, johlten und beglückwünschten mich. Wir waren zehn Personen, wenig Gäste um diese Uhrzeit versammelten sich hier. Gegen dreiundzwanzig Uhr würde es hier aber noch rappelvoll werden.
Melli schenkte mir einen Gutschein von Douglas, aber auch von den anderen bekam ich Gutscheine für Klamotten und Bücher. Mein achtzehnter Geburtstag versprach ein schöner Abend zu werden. Ich genoss ihn in vollen Zügen. John war weg und ich konnte unbeschwert feiern. Was wollte ich mehr? Wir alle hatten viel Spaß. Noch einmal vor den Prüfungen ausgelassen feiern, das wollten wir.
Wie erwartet füllte sich der Club immer mehr. Wir tanzten, alberten und tranken. Ein wunderschöner Abend – endlich, seit Langem wieder. Plötzlich umzingelten mich meine Freunde in einem Kreis, nahmen mich auf ihre Hände und warfen mich hoch und runter, dabei johlten wir alle. “Hört auf, ist gut jetzt, mir wird ganz schlecht”, rief ich fröhlich, sie ließen mich wieder auf den Boden kommen. Spä-

ter zog mich Melli zu sich: “Guck mal, der Typ da drüben, der schaut dich immerzu an.”
Ich sah in diese Richtung. Das stand er, gutaussehend, mit einem freundlichen Gesicht. Als sich unsere Blicke trafen, schaute er beschämt weg und unterhielt sich mit seinem Kumpel. Doch unserer Blicke trafen sich immer wieder. Auch ich senkte beschämt meinen Blick, wenn er mich ansah. Von Typen hatte ich wahrlich die Schnauze voll. Die wollen doch alle nur das eine. So versunken in meinen Gedanken, bekam ich ihn erst mit, als er mich ansprach: “Darf ich dich zu einem Drink einladen?”
Erschrocken sah ich auf, mein Gesicht wurde heiß. Knallrot lief ich bestimmt jetzt an. Wie unangenehm. Er soll mir bloß nicht zu nahe kommen. Trotz meiner Aufregung lächelte ich ihn an:
“Nein, wenn … dann ich dich, heute ist mein achtzehnter Geburtstag.”
Oh man, das kam bestimmt so bescheuert rüber wie aus dem Film Dirty Dancing “Ich habe eine Melone getragen.“ Mein Gott, Elisa, reiß dich mal zusammen.
“Das habe ich mitbekommen, sorry … Herzlichen Glückwunsch.”
Der Wein machte sich langsam bemerkbar: “Was möchtest du trinken?”
“Dasselbe wie du.”

“Rotwein?”
Er nickte und lachte: “Ja, du denkst, das ist nur was für Mädchen, aber ich trinke lieber Wein als Bier.”
“O. k., sollst du haben.”
Ich bestellte die zwei Gläser Wein, mein Blick suchte Melli. Sie sah kurz zu uns und hob unauffällig den Daumen. O. k., sie fand es gut, was ich machte. Dann soll es so sein. Reichlich beschwipst prostete ich ihm zu: “Elisa, mein Name.“
“Ben”, lachte er zurück.
“Was hörst du gern für Musik?”, fragte er mich.
“Am liebsten deutsche Songs.”
“Ich bin gleich wieder da …”, hörte ich nur noch, dann war Ben weg. Nicht lange, die Musik verstummte kurz: “Darf ich bitten, Geburtstagskind?”
Verdattert sah ich ihn an: “Was … ähm … wie jetzt?”
Er lachte: “Magst du mir einen Tanz schenken?”
“Oh wie förmlich”, platzte es lachend aus mir raus.
“Ja, anders verstehst du es doch nicht, Elisa war dein Name oder?”
“Ja … o. k., tanzen wir.”
Meine Freunde standen im Kreis um uns, sein Freund stand mit dabei. Es erklang von Sarah

Connor das Lied: “Weißt du denn gar nicht, wie schön du bist?”

Ben nahm mich in seine Arme und wir tanzten langsam zu dieser Musik.

“... mit all deinen Farben
und deinen Narben
Hinter den Mauern
Ja ich seh dich
Lass dir nichts sagen,
nein, lass dir nichts sagen,
weißt du denn gar nicht,
wie schön du bist.”

Ich kannte selbstverständlich diesen Song, getanzt habe ich dazu noch nie und den Text nie an mich herangelassen. Jetzt war es anders. Dieses Lied haute direkt in meine Seele. Ich spürte aufkommende Tränen, löste mich aus Bens Armen und rannte stolpernd raus. Das Atmen fiel mir schwer. Melli stand auf einmal atemlos bei mir und Ben auch.
“Lässt du mich mit Elisa kurz allein?”
“Habe ich etwas falsch gemacht?”
“Nein, lass uns nur kurz allein, o. k.?”
Ich weinte und zitterte. “Hey Elli, Maus, was ist denn los?”
“Dieses Lied ...”, mehr konnte ich nicht sagen.

“Das ist doch aber schön.“
“Ja, das ist es, macht mich aber traurig.”
Ich fasste mich wieder und lächelte meine Freundin an.
“Hey, der Typ ist ja mal der Hammer oder?”, strahlte sie mich an.
“Wir kennen ihn doch gar nicht”, wollte ich ihre Euphorie bremsen.
“Das kann man ändern, ich glaube aber, der ist richtig nett. Er hat dir einen Tanz ganz für euch allein gewidmet. Wer macht das denn noch?”
“Kannst du bitte irgendwie dafür sorgen, dass nur noch fröhliche Musik gespielt wird?”
“Klar … na los, gehen wir wieder rein.”
Später erfuhr ich von ihm, dass er das Lied nur spielen ließ aufgrund der Zeile: “Weißt du denn gar nicht, wie schön du bist?”, mehr hörte er diesem Song nicht zu.
Ben stand mit seinem Kumpel jetzt bei meinen Freunden. Wir tobten zur Musik: “Sie ist die Eine, die immer lacht”, “Atemlos”, “Warum hast du nicht nein gesagt?”, alles, was ich gern hörte, taten sich meine Gäste an. Nicht jeder stand auf deutsche Musik, es wurde trotzdem ein schöner und ausgelassener Abend. Ben war toll, wir konnten uns gut unterhalten und er tobte mit uns mit. Ich erfuhr, dass er vierundzwanzig Jahre alt war und eine eigene Wohnung hatte, nicht mal weit weg von meinem

Zuhause. Er arbeitete bei der Stadtverwaltung in Hannover im IT-Bereich.
Von mir erfuhr er, dass ich bei einer Bank meinen Ausbildungsvertrag unterschrieben hatte, Voraussetzung dafür sei aber, das Abitur mit einem guten Durchschnitt zu absolvieren. Meine Lehre machte ich jedoch nicht bei der Sparkasse. Das wollte ich nicht, ich hätte es nur gemacht, wenn ich keinen anderen Ausbildungsplatz gefunden hätte. Natürlich dachte ich nicht so weit, dass mein Vater die anderen "hohen Tiere" der Banken kannte. Egal, ich freute mich trotzdem auf die Ausbildung.
"Bist du gut in der Schule?", fragte er mich.
"Ja, eigentlich schon, aber vor den Prüfungen habe ich schon Respekt."
"Ach, so schlimm ist das gar nicht. Ich hatte auch Bammel und habe es geschafft."
"Welchen Durchschnitt hattest du?", war ich neugierig.
"2,1."

"Wow …", kam es von mir: "Das ist ja richtig gut."
"Na ja, geht so."
Schon war die Unterhaltung vorbei. Wir wurden geschnappt und zur Tanzfläche gezogen. Alle tanzten wir ausgelassen zu "Aber Scheiß drauf, Malle ist nur einmal im Jahr." Obwohl wir nicht in Malle waren, passte es irgendwie

zu diesem Abend. Ausgelassen und grölend sangen wir mit, änderten die Zeile für uns um: “Geburtstag ist nur einmal im Jahr.“

Als Ben sich verabschiedete, fragte er mich nach meiner Handynummer. Erst wollte ich sie ihm nicht geben, aber was soll schon passieren? Wir tauschten unserer Nummern aus, dann war er weg. Ich sah ihm traurig hinterher. Liebe war für mich kein Thema mehr, nie wieder würde ich einen Typen auch nur annähernd an mich heranlassen. Warum war ich aber jetzt traurig, dass Ben nach Hause gegangen ist? Vermisste ich ihn jetzt schon?
‘Elisa, vergiss es, nie wieder Liebe’, befahl ich mir selbst, doch an der Party hatte ich irgendwie keinen Spaß mehr. Ich unterhielt mich mit Melli, aber Ben ging mir nicht aus dem Kopf. Melina bemerkte das natürlich. “Hat dir Bennilein den Kopf verdreht?”, neckte sie mich.
“Quatsch”, wiegelte ich ab.
“Na klar, das sehe ich dir an der Nasenspitze an.” Wir lachten, dann kam es von mir: “Weißt du, Melli, ich möchte mich nicht wieder verlieben und Zeit dafür habe ich auch nicht. Pauken fürs Abi, kennst du doch auch.”
“Trotzdem darfst du doch auch Spaß haben. Du kannst nicht nur lernen. Elli, lass es einfach auf dich zukommen und warte ab, was daraus

wird. Gegen ein paar Whatsapps oder Essen gehen ist doch nichts einzuwenden, auch nicht gleich die große Liebe. Wenn er dir gefällt, dann mach was draus", ermutigte sie mich. "Warum willst du dich eigentlich nicht wieder verlieben?"
"Das erzähle ich dir ein anderes Mal, ja?"
"Warum?"
"Darum", blaffte ich sie jetzt an, was mir aber sofort leidtat.
"Melli, ich kann nicht darüber reden, jetzt auf keinen Fall."
"Schlechte Erfahrung? Das erste Mal ist immer doof."
"Hör bitte auf, darum geht es nicht." Feinfühlig, wie meine Freundin war, hörte sie auf, auf mich einzureden.
"Magst du heute bei mir pennen?", fragte sie mich.
"Klar, ich rufe nur schnell meinen Vater an und sage Bescheid." Als das erledigt war, neigte sich meine Party dem Ende zu. Wir verabschiedeten uns und fuhren mit dem Taxi zu Melli. Endlich im Bett! Hier konnte ich mich zu Ben träumen, obwohl ich das doch eigentlich gar nicht wollte. "Melli?", flüsterte ich: "Schläfst du schon?"
"Ja, fast."
"Kann ich dir etwas erzählen?"
"Klar", gleich war sie hellwach.

“Ich habe Angst vor der Liebe, weil ich Angst vor Sex habe. Das gehört doch dann aber auch immer mit dazu, oder?”
“Ja, aber Sex ist doch nicht schlimm, nur beim ersten Mal kann es wehtun, dann wird es mit dem Richtigen richtig schön.”
“Ich wurde vergewaltigt”, platzte es aus mir heraus. Wie ein Flitzebogen spannte sie sich und saß sofort kerzengerade im Bett. Ungläubig sah sie mich an.
“Ja, an dem Abend, als ich total fertig bei dir auftauchte, weißt du noch?”
“Ja, wo du so furchtbar ausgesehen hast, verheult, die Haare verwuschelt und die Schminke verlaufen.”
“Ganz genau … erzählst du es bitte niemandem?”

“Nein, Elli, natürlich nicht, ich bin deine beste Freundin und ich würde nie etwas austratschen.“
“Versprochen? Großes Ehrenwort?”
“Bei meinem Leben”, versprach sie.
“An diesem Abend wurde ich von Joshua vergewaltigt. Ich wollte immer und immer wieder, dass er aufhört, wollte ihn von mir stoßen, keine Chance. Danach tat es ihm leid.” Ich weinte.
“Dieses miese Arschloch. Der hat ne kräftige Abreibung verdient”, empörte sich Melli.

“Du sagst niemandem etwas, denk an dein Versprechen.”
“Aber warum nicht? Wir schicken ein paar Jungs hin und die vermöbeln den mal richtig.“
“Wir wissen erstens nicht, wo er wohnt und zweitens möchte ich nicht, dass irgendwer etwas davon weiß. Bitte Melli, sag es niemanden.”
“O. k., dir zuliebe, aber dem würde ich höchstpersönlich am liebsten die Lichter auspusten. Das ist das Allerletzte.”
“Siehst du und deshalb habe ich Angst.”
Melli nahm mich in den Arm: “Elli, nicht alle Jungs sind so scheiße. Es gibt auch wirklich Supertypen. Ich habe auch einen am Start, mal sehen, was daraus wird.”
“Echt? Kenne ich ihn?”, fragte ich erstaunt.
“Nein, aber schau, ich zeige dir ein Foto.”
“Wow, der sieht ja süß aus”, das meinte ich ernst. Ein blonder, lächelnder, gutaussehender Typ lächelte mich vom Foto an. “Das ist Mark und er ist soooo süüüüüß.”
“Das freut mich so für dich”, lächelte ich meine Freundin an.
“So und du Elli, du lässt es mit Ben einfach laufen, wie es kommt. Ihr müsst ja nicht gleich in die Kiste springen, aber wenn er sich noch mal bei dir melden sollte, dann würge ihn nicht gleich ab. Wie gesagt, lass es einfach auf dich zukommen. Einen Rückzieher kannst du

immer noch machen, wenn er sich als Arschloch entpuppt. Wenn du Angst hast, trefft euch erst da, wo auch andere Menschen sind."
"Recht hast du. Mal sehen …"
Wir legten uns wieder hin, jeder träumte vor sich hin, bis wir eingeschlafen waren.

Als ich am nächsten Mittag nach Hause kam, erstarrte ich schon, bevor ich an der Haustür war. Sein schwarzer Audi stand vor der Tür. Ich wollte gerade den Schlüssel in die Haustür stecken, da wurde sie schon von innen geöffnet und da stand er – John. Sofort hatte ich Herzrasen, ich drängte mich an ihm vorbei und wollte ins Haus. "Hey Elisa, Schnecke, alles Gute zu deiner Volljährigkeit."
"Danke", sagte ich halbherzig, endlich gab er die Tür frei.
"Hallo Elisa, wie war deine Party?", fragte Papa gleich, als ich eintrat.
"Superschön Papa, danke dafür." Er hat die Feier finanziert.
"Warum bist du dann so leichenblass? Du siehst ja aus, als hättest du ein Gespenst gesehen. Hast du zu viel getrunken?", lächelte mein Vater mich wissend an. Ich ließ ihn in dem Glauben: "Ja, habe ich. Die Party war schön. Am liebsten würde ich jetzt in mein Bett gehen. Danke für die Party, Papa." Die bloße Anwesenheit von John ließ in mir nackte

Panik aufsteigen. Ganz tief atmete ich in meinem Zimmer ein und aus, ein und aus, bis ich mich etwas beruhigt hatte. John ließ mich in Ruhe, er wollte am nächsten Tag wieder nach Frankfurt fahren, ich musste in die Schule, also konnte nichts passieren. Ich atmete auf.

In der nächsten Woche meldete ich mich mit Melli in der Fahrschule an. Wir mussten ganz schön pauken, aber wir schafften es beide beim ersten Anlauf. Mein Vater ist mit mir öfter Auto gefahren auf einem Waldweg, Anfahren und einfach geradeaus tuckeln, das konnte ich, aber in der Stadt? Davor hatte ich Respekt. Doch auch das meisterte ich. Auch Melli schaffte es. Jetzt waren wir stolze Besitzer des Führerscheins.

Ben meldete sich immer wieder. Gleich nach meinem Geburtstag schrieb er mir am nächsten Morgen. Mein Herz hüpfte gleich einen Salto. Kein Tag verging, ohne dass wir uns schrieben und telefonierten. Ich schwebte fast durch die Tage und Wochen. Wir gingen ins Kino, essen oder liefen einfach Hand in Hand durch den Park oder um den See, der in unserer Nähe war. Das ging so ungefähr acht Wochen, dann kam die Frage aller Fragen: “Elisa, magst du mich mal besuchen kommen? Ich würde dir gern meine Wohnung zeigen?”

“Und deine Briefmarkensammlung?”, ärgerte ich ihn. Doch er stieg darauf ein: ”Ja die auch”, wir lachten. Dann wurde ich ernst.
“Ben … ich … ähm …”
“Ich habe mich in dich verliebt, Elisa.”
ANGST
“Einfach nur mich besuchen, nichts Schlimmes”, redete er weiter.
ANGST
“Wir trinken sogar nur Tee, wenn du möchtest.“
ANGST
Sollte ich jetzt ein Leben lang mit dieser Angst und meinem Ekel vor mir selbst rumlaufen? Ben war immer lieb und nett.
“Gut o. k., wann?”
“Morgen Abend?”
“Ja gut, o. k. Um sieben?”
“Nein, um sechs”, lachte er: “Ich koche uns was?”
“Du kannst kochen?”
“Ein bisschen.”
“O. k., Ben, dann sehen wir uns morgen in deiner Wohnung.“
“Nein, ich hole dich ab, ja?”
“Super.”
Meinem Vater habe ich von Ben noch nichts erzählt, wollte ich auch noch nicht. Erst wollte ich den Abend in seiner Wohnung abwarten. Würde er mir auch wehtun, hätte sich das eh

erledigt. Der nächste Tag zog sich wie ein Gummiband. Ein Outfit nach dem anderen probierte ich an, nichts schien mir passend zu sein. Ich entschied mich im Endeffekt für eine enge, schwarze Jeans und einem weißen Glitzertop mit einer kurzen Jeansjacke darüber.
Als Ben mich abholte, sah das natürlich mein Vater. Katja auch.
“Du hast mir gar nicht gesagt, dass du einen Freund hast, Schatz?”
“Habe ich auch nicht. Erst mal abwarten, was daraus wird.”
“Wer ist das? Was macht er? Taugt er was?”, wollte Papa wissen.
“Papa, nicht jetzt, ich habe keine Zeit. Ja, er taugt was, ich erzähle dir morgen alles, o. k.?”
“Du übernachtest aber nicht gleich bei ihm? Nein, Elisa, das verbiete ich dir!”
“Papa, ich bin achtzehn …”
“Trotzdem … nein, nicht gleich über Nacht.”
“Vergewaltigen kann er mich auch am Tag, wenn er das will.”
Erschrocken sah mich mein Vater an. Was mag er jetzt denken? Dass ich recht habe?
“Dann versprich mir wenigstens, dass du auf dich aufpasst. Wenn was ist, rufst du mich an, o. k.?”
“Ja, mache ich. Ben ist korrekt, keine Angst, Papa.”
Katja musste sich natürlich auch zu Wort mel-

den.
“Du kannst sie doch nicht bei einem fremden Kerl übernachten lassen, Steffen!”
Wenn die wüsste, was ihr Sohn für ein Schwein war und vielleicht immer noch ist!!!
“Doch, das kann er, Katja, ich kann auf mich aufpassen.”

“Schönen Abend euch zwei”, wünschte Papa mir und damit war ich draußen.
War ich einfach nur dumm oder zu gutgläubig? Wie kann ich nach meinen Erfahrungen zu einem Typen in die Wohnung gehen? Mich leitete die Intuition. Inständig hoffte ich, dass diese mich nicht täuschte. Die Wochen vorher waren wunderschön, Ben drängte mich zu nichts. Deshalb hatte ich etwas Mut, gleichzeitig auch Angst. Ich konnte mich doch aber nicht ein Leben lang hinter meiner Angst verstecken. Mein Herz schlug für Ben, also riskierte ich es.

In seiner Wohnung sah ich mich neugierig um. Typisch junger Mann. Zweckmäßig eingerichtet, wenig Deko, aber sauber und modern. Aus der Küche roch es sehr gut. “Hm, duftet lecker bei dir.”
“Ach was, es gibt nur Spaghetti Bolo, die Soße ist fertig, die Nudeln muss ich noch kochen, das passiert ja bekanntlich von allein, aufset-

zen und abwarten", lächelte er.
Ich wollte nur Limo trinken, er tat es mir gleich. Das Essen schmeckte super, er hatte sogar ein bisschen Gemüse da, sodass ich einen kleinen Salat anrichtete. Nach dem Essen kuschelten wir uns auf sein Sofa, tranken Rotwein und küssten uns. Immer und immer wieder. Langsam verließ mich meine Angst. Er forderte nichts, seine Küsse waren einfach nur zärtlich. Er versuchte, mich aufs Sofa zu drücken, dass wir liegen konnten. Damit war es aus. Sofort stieß ich ihn von mir: "Hör auf … ich will nicht liegen", ich war sofort panisch. Ein Engegefühl breitete sich sofort in meinem Hals und in meiner Brust aus.
"Hey, beruhige dich, ich wollte doch nur, dass du in meinen Armen liegst. Ganz entspannt."
Ich zitterte und weinte. Wie peinlich.
"Elisa, ich will dir nichts tun, das verspreche ich dir."
Jetzt schob sich auch noch Johns Gesicht vor meines. Es war furchtbar. Ich weinte und zitterte und schrie: "Ich will hier raus … raus … bitte … raus."
"Ja klar", der Arme war ganz ratlos. Er legte seinen Arm um mich und ging mit mir nach draußen.
"Lass mich los!", forderte ich ihn auf. Sofort tat er das. Erschrocken sah er mich an: "Was ist dir passiert, dass du so panisch bist? Ich tue

dir wirklich nichts."
"Ich habe Angst", schluchzte ich: "Mehr … kann ich … nicht sagen", zitterte meine Stimme.
"Komm, lass uns wieder reingehen, wenn du willst, setze ich mich in den Sessel und du dich auf die Couch, o. k.? Dann musst du keine Angst haben. Ich habe noch nie jemandem wehgetan, Elisa. Ehrenwort!"
Ich nickte, wir gingen wieder in seine Wohnung. Dass er auf dem Sessel sitzen sollte, wollte ich nicht. Meinen ganzen Mut nahm ich zusammen und legte mich auf die Couch: "Leg dich ruhig zu mir, ich muss mich einfach nur zusammenreißen." Das tat er, legte den Arm um mich, mein Kopf lag auf seinem Brustkorb. Er streichelte durch mein langes Haar und über meinen Rücken. Keiner sagte ein Wort.
Die Lieder: "Weißt du denn gar nicht, wie schön du bist?" sowie "Mein Stern" von Unheilig wurden *unsere* Lieder. Wir lauschten der Musik, küssten und streichelten uns, bis es fast morgens um drei Uhr war. "Wir sollten langsam mal schlafen gehen."
"Darf ich schnell duschen?", fragte ich.
"Klar."
Frisch geduscht ging ich in sein Schlafzimmer, er rannte gleich an mir vorbei: "Ich gehe auch schnell duschen, leg dich ruhig schon hin."

Im Leben nicht, ich lege mich doch jetzt nicht in sein Bett. Vielleicht noch in Dessous? Hatte er welche besorgt extra für diesen Abend? Solche, wie John sie hatte? Als Ben aus dem Bad kam, stand ich immer noch im Badehandtuch eingewickelt da wie ein junges Reh. Er lachte mich an: “Du kannst dich ruhig hinlegen, das Bett ist groß genug für uns zwei.“ Das stimmte, Ben hatte ein Doppelbett. Er kam auf mich zu, ich wich einen Schritt zurück: “Elisa, hab keine Angst, wir machen nur das, was du möchtest. Mein Gott, was ist dir bloß passiert?”, fragte er sichtlich erschüttert.
Ich erwiderte nichts, er nahm mich an der Hand und legte sich mit mir zusammen hin. Wieder so wie auf dem Sofa, ich lag in seinem Arm und streichelte seinen Brustkorb. Ich zog die Decke bis zu meinen Hüften und befreite mich von dem Badetuch. Eine Gänsehaut nach der anderen erschauerte meinen Rücken, als er mit den Fingerspitzen über meine Haut fuhr. Arm in Arm schliefen wir ein.

ELISA!
Johns Gesicht
ELISA
Meine Schreie
ELISA, WACH AUF
Schmerzen
ELISA, WACH AUF

Ein Rütteln weckte mich. Wo war ich? Ängstlich sah ich mich um, erkannte Ben und weinte.
“Elisa, du hast geträumt und dabei geschrien: Nein … bitte … nicht … Magst du mir erzählen, was dir passiert ist?”
Ich schüttelte den Kopf: “Das kann und darf ich nicht.”
“Das akzeptiere ich natürlich, aber wenn du reden möchtest, ich bin für dich da.”
“Danke.“
Mein Verhalten war mir unsagbar peinlich, doch ich konnte es nicht steuern. Es überkam mich einfach so. Ich hasste mich dafür.
“Ben, es tut mir leid”, wisperte ich.
“Das muss es nicht. Ich glaube, dir ist etwas Schlimmes passiert, dass du solche Angst und Albträume hast. Weiter möchte ich nicht spekulieren. Ich warte ab, bis du genügend Vertrauen zu mir hast und es mir selbst erzählen möchtest. Wenn du es nicht willst, dann ist das auch o. k. Du bestimmst das, Elisa, du ganz allein.”
“Du bist so ein Goldschatz, Ben”, schuldbewusst sah ich ihn an.
“Das ist die Liebe, Maus, und ich liebe dich.“
“Trotzdem?”
“Ja”, dabei küsste er mir vorsichtig auf meine Lippen.
“Ich liebe dich auch”, hauchte ich.

Wir umarmten uns ganz fest, als würden wir uns nie wieder loslassen wollen. Es war so wunderschön und völlig anders, als ich es mir je vorgestellt habe.

Ein paar Wochen später wollte Ben mich seinen Eltern vorstellen.
"Jetzt schon?"
"Klar, worauf sollen wir denn warten, wir sind doch schon eine ganze Weile zusammen und ich liebe dich immer mehr, Maus."
"Ich dich auch, wer weiß, ob deine Eltern mich mögen werden."
"Da mach dir mal keine Sorgen. Meine Eltern sind nicht anspruchsvoll … ", foppte er mich.
"Ey … was soll das heißen? Hm? Hm?", ich kniff ihm immer wieder zärtlich in die Hüfte.
So war es tatsächlich, Bens Eltern sind absolut liebenswerte Menschen mit einem gemütlichen Zuhause. Ich fühlte mich sofort wohl dort. Ihre Namen waren Anja und Andreas. Er erzählte mir später, dass sie sehr angetan von mir waren. Ein hübsches Mädchen mit sehr gutem Benehmen war ich ihrer Meinung. Ich war direkt ein bisschen stolz auf mich.

Als ich Ben mit zu uns nach Hause brachte, war mein Vater auch beruhigt. "Dein Ben macht einen sehr guten Eindruck. Er sieht gut aus, steht mit beiden Beinen im Leben, hat

einen guten Job und ist lieb zu dir, oder? Das ist er doch?"
"Ja, Papa, das ist er."
Bens Eltern mochten mich, ich liebte ihn unendlich – was wollte ich mehr? Mein Vater fand ihn toll, was Katja dachte, war mir egal.
"Na ja, da hast du ja mal einen Glücksgriff gelandet mit deinem Ben. Mal sehen, wie lange er es mit dir aushält", genau das waren ihre Worte. Doch sie verletzten mich nicht mehr. Ich hasste diese Frau, ihre Meinung interessierte mich nicht im Geringsten. Missgünstige Zicke.

Doch über meinen Vater machte ich mir immer mehr Gedanken. Er war früher doch ganz anders. Er missbrauchte mich, schlug mich und meine Mama und jetzt war er seit Jahren liebevoll zu mir? Geht so etwas? Warum war er früher so gemein und jetzt nicht mehr? Darauf werde ich wohl nie eine Antwort finden. Kann ein Mensch sich so verändern? Hat der Tod meiner Mama etwas damit zu tun? Ich weiß es einfach nicht.

Ich stürzte mich in die Vorbereitungen für mein Abitur. Mit einem Durchschnitt von 1,8 bestand ich es mit Bravour, Melina mit 3,2. Jetzt stand der Abiball an. Ich kaufte mir ein langes, rotes Kleid, die Lieblingsfarbe meiner

Mama. Die Haare trug ich offen. Papa sah mich wieder mit großen, bewundernden Augen an: "Ein Ebenbild deiner Mama bist du, ich bin unendlich stolz auf dich, Elisa", sagte er mir, als ich aus meinem Zimmer kam und wir aufbrechen wollten. Ben, Papa und Katja begleiteten mich. Ich war so stolz, einen so gutaussehenden Freund an meiner Seite zu haben. Es wurde ein sehr schöner Abend, an dem ich wieder bei Ben übernachtete.

Meine Ausbildung verlief super, zwei Jahre lagen schon hinter mir. Es machte mir Riesenspaß. Die Abläufe "hinter den Kulissen einer Bank" interessierten mich wahnsinnig, wie ein Schwamm saugte ich alles in mir auf und kassierte dafür viel Lob. Meine Kolleg/-innen waren alle nett zu mir.

Ben und ich trafen uns jeden Tag, ich war mehr bei ihm als zu Hause. Mich zog absolut nichts in mein Elternhaus. Dort hatte ich die Hölle auf Erden durchleben müssen, bei Ben fand ich die Ruhe und Geborgenheit, die ich so sehr brauchte. Manchmal kam er mit mir zum Grab meiner geliebten Mama. Wie sehr ich sie immer noch vermisste. Ich streichelte den kalten Stein, als wäre es Mama.

Wenn ich auch noch so glücklich mit Ben war,

die Trauer und die Qualen holten mich immer wieder ein. Es reichte ein bestimmter Geruch, ein bestimmtes Lied oder etwas, was ich mit dem Horror zu Hause in Verbindung brachte. Es holte mich sofort aus meinem Gleichgewicht, welches ich mir immer wieder aufs Neue aufbaute. Lange hielt das nie an. Auch die Albträume hörten einfach nicht auf. Ich liebte meinen Ben, ich liebte meine Ausbildung, aber ich hasste auf der anderen Seite mein Leben. Ben machte sich immer mehr Sorgen.
"Elisa, du hast garantiert etwas Schlimmes erlebt, ich denke mir, dass ich weiß, was es war."
"Das kannst du gar nicht wissen."
"Nein, aber ich ahne es."
"Was denkst du denn?"
"Dass du vergewaltigt wurdest."
Das saß. Mit großen Augen sah ich ihn an. Steht es mir auf der Stirn geschrieben? Ich spürte aufsteigende Tränen. Er nahm mich in den Arm, streichelte meinen Rücken und sagte nichts. Es dauerte ewig, bis ich mich beruhigt hatte.

"Maus, rede doch mit mir oder such dir Hilfe, die brauchst du. Bitte, du musst irgendwie lernen, mit dem umzugehen, was du durchgemacht hast." Meine Tränen versiegten lang-

sam, ich wurde sauer, was wollte er mir denn sagen? Gar nichts weiß er. Ich war so ungerecht, das weiß ich heute, er hatte es doch nur gut gemeint.
“Mir kann aber keiner helfen, Ben … reicht dir das als Antwort?“
“Nein”, er ließ mich los und sah mir in die Augen: “Bitte Elisa, sich Hilfe zu suchen, ist doch nichts Schlimmes.”
“Du weißt gar nichts!”, schrie ich den armen Kerl an, rannte aus der Wohnung, ich wollte nur noch nach Hause. Auf halben Weg blieb ich stehen, Ben war mir nachgelaufen. Dumm dastehen lassen wollte ich ihn nicht. Aber was sollte das denn jetzt? Er soll mich einfach gehen lassen. Tat er nicht. Er machte sich wirklich immer mehr Sorgen um mich. Als er bei mir war, wollte er mich umarmen, doch ich stieß ihn von mir. Das hielt ich jetzt nicht aus. Ich war wütend, verzweifelt und traurig. Alles in einem. Ich liebte ihn mehr als alles andere, sollte ich mich ihm anvertrauen? Und dann? John kann jederzeit die Fotos und Filmchen veröffentlichen, auch wenn er nicht mehr hier war. Ben überredete mich geduldig, wieder mit ihm zu kommen. Er wollte für mich da sein. War ich es ihm schuldig, mich ihm anzuvertrauen? Ja, das war ich, aber alles konnte ich ihm nicht erzählen. Bei ihm in der Wohnung kochten wir uns einen Tee und kuschelten uns

aufs Sofa.
Die Worte mussten raus, ich wollte es nur hinter mir haben.
“Ich wurde missbraucht und von meinem ersten Freund vergewaltigt.” Von John erzählte ich nichts. Nach meiner Offenbarung verließ kein Ton Bens Lippen. Erschrocken und mit Schmerz in seinem Gesicht sah er mich an. Als er sich etwas gefangen hatte, flüsterte er: “Wer hat dich mi … missbraucht?”
“Das kann ich dir nicht sagen … das … schaffe ich … nicht.”
“O. k., musst du nicht, wer hat dir das andere angetan?”
“Mein erster Freund, danach habe ich sofort Schluss gemacht.”
“Oh Gott … Elisa … Maus, kenne ich den Typen?”
“Ich denke eher nicht, ist auch gut so. Ich will vergessen, Ben, verstehst du? Einfach vergessen.” Darauf sagte er wieder eine Weile nichts, dann redete er auf mich ein: “Das, was du durchmachen musstest, kannst du nicht vergessen, du kannst nur lernen, damit umzugehen, aber dafür brauchst du Hilfe.”
“Dann müsste ich darüber reden und genau das kann ich nicht. Es ist zu viel passiert, Ben. Es geht einfach nicht.”
“Mit mir auch nicht?”
“Nein, zumindest zur Zeit nicht.”

“Du musst ja nicht zu einem Psychologen gehen, ein Psychiater ist auch eine Lösung, allerdings nur für Medikamente. Vielleicht kannst du dir ja ein Schlafmittel verschreiben lassen oder etwas zur Beruhigung. Keine Ahnung, was gegen so schlimme Albträume hilft.”
“Woher weißt du das alles?”
“Meine Mutter hatte mal Schlafprobleme, sie ging zu einem Psychiater und seitdem geht es ihr besser.”

“O. k., ich denke darüber nach”, versprach ich und das wollte ich wirklich tun. Ich hielt mein Wort und vereinbarte mit dem Psychiater einen Termin, die Telefonnummer gab Ben mir gleich am nächsten Tag nach unserem Gespräch. Niemand sollte jedoch davon wissen, das Versprechen rang ich ihm ab. Der Arzt war sehr nett. Ich erzählte ihm von meinen Albträumen und den Panikattacken. Doch woher sie kamen, sagte ich ihm nicht. Er erfuhr von mir nur, dass ich eine schwierige Vergangenheit hatte. Mehr ging nicht. Ich bekam ein Antidepressivum und ein Schlafmittel. In drei Monaten sollte ich wiederkommen, dann wollte er wissen, wie ich alles vertrug und ob es mir dann besser ginge. Das Antidepressivum nahm ich allerdings nicht. Warum nicht? Ich hatte Angst, wie ein Zombie rumlaufen zu müssen. Ich wollte Herr meiner Sinne bleiben.

Wie falsch diese Gedanken waren, weiß ich leider erst jetzt. Hätte ich sie doch nur genommen, wäre mir bestimmt viel erspart geblieben. Das Schlafmittel nahm ich ein, nicht jeden Tag, ich hatte Angst vor Abhängigkeit, aber mindestens drei Mal in der Woche. Damit schlief ich tatsächlich gut. Ohne diese Tabletten ließen mich meine Albträume nicht los, sodass es nicht lange dauerte, bis ich sie täglich schluckte. Nach drei Wochen ließ ich sie wieder weg, die Albträume hatten mich wieder. Was sollte ich denn jetzt machen? Die Dinger nehmen und abhängig werden oder mit der Panik und den Albträumen leben? Ich war hin- und hergerissen.
So sehr ich Ben auch liebte, ich hatte ganz oft Gedanken an den Tod. Wer würde mich schon vermissen? Papa? Ben? Melli? Ja vielleicht, doch wer wollte schon ein Wrack an seiner Seite als Partnerin oder als Freundin oder als Tochter?

Es war Samstag, wir hatten nichts vor, außer DVD anschauen und etwas Wein trinken. Ich verriet Ben meine Gedanken, nach zwei Gläsern Wein hatte ich den Mut: "Ben, was liebst du eigentlich an mir?"
Entgeistert sah er mich an: "Alles, Maus."
"Ich bin doch nur ein Wrack, schreie im Schlaf, habe Albträume und bin einfach nur

ekelig."
"Du bist doch nicht ekelig. Elisa, du siehst supertoll aus, eigentlich bist du nicht hübsch …"
Ui, jetzt kommt endlich die Wahrheit raus. Ich wusste doch, dass ich nicht gut aussehe. Mit großen Augen sah ich ihn an. Er lächelte verschmitzt: "Du bist nicht hübsch, du bist wunderschön, Elisa. Ich liebe dich genauso, wie du bist. Genau weil ich dich so liebe, möchte ich dir helfen. Ich komme auch mit zu einem Psychologen, wenn du das möchtest. Ich wäre so gern für dich da. Elisa, du bist mein Leben."
"Nein, Ben, ich gehe zu keinem Psychologen, ich kann es einfach nicht, nicht mit einem fremden Menschen darüber reden. Es geht nicht. Ich habe mir auch schon selbst darüber Gedanken gemacht und nicht zu knapp, das kannst du mir glauben, aber ich kann es nicht."
'Ich kann es nicht' wurden zu meinen Lieblingsvokabeln.
"Weißt du, manchmal denke ich, am besten wäre ich bei meiner Mama. Dann gehe ich niemanden mehr auf die Nerven", Tränen liefen mal wieder in Sturzbächen.
"Um Gottes willen … Elisa … Maus … rede nicht so … bitte!" Ben war außer sich vor Sorge: "Ich will mit dir leben, dich lieben und ich möchte mir mit dir ein schönes Leben aufbauen. Ich will dich glücklich machen, Maus."

Er war so unglaublich süß.
“Das will ich auch, ich weiß nur nicht, ob ich dir gerecht werden kann in allem.”
“Das wirst du, ich bin glücklich mit dir, nur tust du mir eben unsagbar leid, wenn es dir so schlecht geht.”
“Alles wird gut”, konnte ich nur sagen, dann küsste ich ihn. Immer und immer wieder küssten wir uns, streichelten uns. Ich klammerte mich an Ben, als wäre er ein Anker, an dem ich mich für immer festhalten könnte. “Magst mit mir duschen und uns danach mit Massageöl einreiben?”
Ich nickte. Wir seiften uns gegenseitig ein, kurz kam mir John in den Sinn, zum Glück konnte ich den Gedanken schnell wegschieben. Ben hatte Zauberhände. Als wir geduscht waren, rieb er mir zärtlich meinen ganzen Körper mit dem Öl ein. Es tat so gut, toll zu riechen und seine Hände so zärtlich überall zu spüren. Es roch nach Erdbeeren und wurde auf dem Körper ganz warm. Ein herrliches Gefühl. Danach war ich dran, ihn einzureiben. Wir versanken immer wieder in zärtliche Küsse, doch heute wurde Ben fordernder. Es störte mich aber nicht, die Welle der Zärtlichkeit und Lust riss mich mit. Zum ersten Mal erlebte ich zärtlichen Sex und das auch noch ohne Ekel vor mir selbst, da ich wusste, ich rieche gut. Arm in Arm lagen wir danach nackt auf dem

Bett, ich hatte meinen Kopf auf seiner Brust, ergriffen gestand ich ihm: "Ich bin keine Jungfrau mehr, aber das hier war trotzdem mein erstes Mal."
"Gott, Maus, was musst du durchgemacht haben?", flüsterte Ben. Ich schloss meine Augen und genoss seine Nähe. Antworten konnte ich ihm nicht.

Die Zeit verging und ehe wir uns versahen, steckte ich in den Prüfungen. Mir wurde versichert, dass ich bei einem guten Abschluss meiner Ausbildung übernommen werden würde. Das machte mich stolz und das war es auch, was ich mir beruflich vorstellte. Ich bestand meine Ausbildung mit Bestnoten.
Vor Freude umarmte mich mein Vater ganz fest, ich ließ es zu:
"Ich freue mich so für dich. Das hast du so toll hinbekommen. Weißt du was? Wir gehen essen, ich lade euch ein. Omas, Opas und Ben natürlich auch."
"Danke Papa … dürfen die Eltern von Ben auch mitkommen? Bitte, das sind so nette Menschen, ich habe sie total in mein Herz geschlossen."
"Klar, auf zwei Personen kommt es mir nicht an. Dann lerne ich sie auch gleich kennen."
Der Abend wurde ein Erfolg. Mein Vater verstand sich super mit Anja und Andreas, Katja

war an diesem Abend sehr nett. Was für eine Schauspielerin sie doch war. Abartig. Ihre Seele war dunkel wie eine mond- und sternenlose Nacht, ihre Maske war hell wie die aufgehende Sonne an einem heißen Tag. Ich hasste sie. Egal, der Abend war trotzdem schön. Wir lachten und alberten, plötzlich stand Ben auf, klopfte mit einem Löffel an sein Glas, wir starrten ihn alle an. Was war denn jetzt los? Wollte er mir hier viel Glück im Berufsleben wünschen? Das wäre ja völlig Oldschool. Er sah mich an, nahm meine Hände und zog mich zu sich hoch. Wir standen uns gegenüber.
“Elisa, ich liebe dich über alles, wir haben schon einiges durchgemacht, doch du bist meine Traumfrau. Ich kann mir nicht mehr vorstellen, ohne dich zu sein. Deshalb möchte ich dich fragen: Möchtest du mich heiraten und hundert Babys mit mir bekommen?” Er hatte sogar feuchte Augen bei seinen Worten. Heiraten? Mich? Jetzt schon? Gerade war ich erst fertig mit der Ausbildung. Ich sah ihn an, sah Papa an, suchte den Blick meiner Omas und Opas und Bens Eltern. Alle Blicke waren auf uns gerichtet. Erst jetzt sah ich die kleine Schmuckschatulle, die Ben in der Hand hatte. Seine Mama flüsterte ihm schnell ins Ohr: “Du musst die Schachtel aufmachen.”
“Oh … stimmt …” Verlegen sah mich meine große Liebe an. Alle lachten. Zum Vorschein

kam ein wunderschöner, silberner Ring mit einem funkelnden Stein. Mein Gott, wie schön ist das denn jetzt? Ich liebte meinen Ben mehr als mein Leben.
“Ja, das will ich”, sagte ich völlig gerührt. Er steckte mir den Ring an meinen linken Finger, nahm mich fest in den Arm und küsste mich. Alle klatschten und riefen: “Jaaaaaaaa … sie hat jaaa gesagt.” Jeder gratulierte uns, meine Oma mütterlicherseits weinte: “Ist das schön, dass ich das noch erleben darf.” Katja machte gute Miene, aber ich wusste genau, dass sie mir mein Glück nicht gönnte.
“Bin ich jetzt eine Braut?”, fragte ich in die Runde. Wieder lachten alle. “Eine Verlobte bist du jetzt, Braut bist du am Hochzeitstag”, lachte Papa. Weiter sprach er: “Übrigens, das Brautkleid geht auf mich und die Feier auch.”
“Wir beteiligen uns auch daran”, warf Andreas gleich ein.
“Wir bezahlen die Hochzeitsreise”, mussten meine beiden Großeltern nun auch noch rufen.
“Hm … dann kostet uns der Spaß ja nichts”, das kam jetzt von Ben.
“Puh, was für ein Abend. So ein fröhliches Ereignis. Meine Tochter hat ihren tollen Job in der Tasche und einen super Fast-Mann? Was will man als Vater mehr, als seine Tochter in gute Hände geben zu können? Die Hochzeit kommt zwar etwas früh, aber egal. Wenn die

Liebe anklopft, fragt sie nicht nach Zeit oder Alter."

"Ben hat auch Glück mit deiner Tochter, Steffen. Du kannst wirklich stolz auf sie sein", sagte Andreas. Wir stießen alle mit Sekt an und ließen den Abend feuchtfröhlich ausklingen. Melli war die Erste, die ich noch am selben Abend vom Restaurant aus anrief. Sie freute sich total für mich. Da ich fast nur noch bei Ben schlief, war es natürlich heute selbstverständlich als seine Verlobte. Wir liebten uns die halbe Nacht, natürlich nur mit vorheriger Massageöleinreibung. Anders war es mir leider nicht möglich, mit Ben zu schlafen.
Ich wollte mich nie wieder verlieben, nie wieder Sex haben. Auf brutalste Weise hatte ich lernen müssen, dass Sex nur aus Schmerzen bestand. Nun erfuhr ich, wie schön die körperliche Liebe sein kann.

Die Hochzeitsvorbereitungen liefen auf Hochtouren. Ein halbes Jahr nach unserer Verlobung wollten wir heiraten. Einladungen, Location, Eheringe, Termin beim Standesamt, Trauzeugen, Anzug für Ben und natürlich das Brautkleid besorgen. Ich wollte ein schneeweißes Kleid mit etwas Glitzer, bis zur Taille eng und dann ganz weit und lang auslaufend. Also musste auch ein Reifrock her. In den

Haaren wollte ich mir weiße Kunstblüten einflechten lassen, so wie Sissi es hatte. Ja, so wollte ich aussehen, wie Sissi. Melli wurde meine Trauzeugin, Bens bester Freund Daniel wurde seiner. Wir fieberten unserem großen Tag entgegen. Ich habe das perfekte Kleid gefunden, es musste aber so einiges geändert werden, es war zu weit und zu lang. Dreimal musste ich zur Anprobe, dann war es perfekt. Als ich mich mit dem Reifrock und dem fertigen Kleid im Spiegel sah, kamen mir die Tränen. Es sah traumhaft aus. Wie eine Prinzessin fühlte ich mich. Ob es Ben auch so gefällt wie mir? Hoffentlich. Ich habe es geschafft. Ich werde meine große Liebe heiraten und ein schönes Leben haben. Für dieses Leben wollte ich alles tun.

Natürlich ging ich zum Grab meiner Mutter und erzählte ihr alles. Ben hatte die perfekte Idee, die mir im Traum nicht eingefallen wäre.
"Maus, was hältst du davon, wenn wir ein Foto von deiner Mama vergrößern lassen und es beim Standesamt aufstellen, dann ist sie dir ganz nah und irgendwie dabei."
Tränen der Rührung liefen über meine Wangen: "Was für eine schöne Idee, Schatz, das machen wir, DANKE."
"Immer wieder gern, gnädige Frau", neckte er mich.

Der große Tag war schneller da als gedacht. In dieser Nacht davor schlief ich zu Hause. Da war Papa etwas altmodisch. John war da, aber er konnte mir nichts tun, weil Papa und Katja zu Hause waren. Selbst wenn er es getan hätte, ich hätte gebrüllt wie am Spieß. Egal, was er dann tun würde. Nie wieder würde ich mich von ihm anfassen lassen.
Sonnenstrahlen kitzelten mich, als ich aufwachte. Ich hatte keine Rollläden unten, die Sonne strahlte mit mir um die Wette. Das wird der schönste Tag meines Lebens, dessen war ich mir ganz sicher.
Es war das perfekte Wetter für unseren großen Tag. Gut gelaunt sprang ich aus dem Bett, rannte in die Küche, trank einen Kaffee und ging duschen. “Elisa, ein bisschen solltest du essen”, sagte Papa. Gut, ich aß zwei Kekse, mehr bekam ich vor Aufregung nicht runter. Danach fuhr mich Papa zum Frisör. Die Frisörin zauberte ein Kunstwerk aus meinen langen Haaren. Überall waren kleine Blüten eingeflochten, an meiner Haarlänge änderte sich nichts. Es sah wirklich fast wie bei Sissi aus. Ich fand mich zum ersten Mal in meinem Leben richtig hübsch. Auch geschminkt wurde ich professionell, einfach nur toll. Als mich Papa wieder abholte, war er baff: “Hey, ich wollte meine Tochter Elisa abholen. Wer sind

Sie bitte?" Wir lachten. Als wir nach Hause kamen, war Melli schon da, um mir in mein Brautkleid zu helfen. In der Küche stand John und sah böse aus: "Man, was für einen Aufriss ihr hier veranstaltet, ist doch nur ne Hochzeit, meine Güte." Dämlicher Affe!

Ja, es war wirklich wie im Hühnerstall. Wir gackerten und plapperten alles durcheinander. Melli und ich hörten uns an wie zehn aufgescheuchte Kinder.

So geschafft, ich hatte den Reifrock an und darüber das Brautkleid, meine weißen Pumps nur noch und dann stand ich da.

Elisa, die Braut. Ein Traum. "Elisa, du siehst wunderschön aus", flüsterte Melina.

"Danke, du aber auch in deinem rosa Kleid." Melina hatte ein langes, enges, rosa Glitzerkleid an, was ihr ausgezeichnet stand. Ihr Freund war natürlich auch eingeladen, er kam direkt zum Standesamt. Es war wie im Film. Melli flitzte die Treppe runter und rief: "Die Braut kommt." Unten stand mein Vater an der letzten Stufe. Katja und John standen irgendwo im Flur. Als ich die Treppe runterging, schlug mein Papa die Hände vor den Mund vor Rührung, Tränen liefen über sein Gesicht: "Mein Gott, siehst du schön aus."

Ich strahlte. Als ich unten ankam, legte Papa mir eine wunderschöne Silberkette um den Hals. "Die soll dir immer Glück bringen, mein

Kind."
"Danke", antwortete ich gerührt.
Alle stiegen wir dann in die Autos, Papa fuhr den Wagen mit mir. Zum Frisör brachte er mich in Katjas Auto, sodass ich das geschmückte Brautauto vorher nicht sah. Auf der Motorhaube war ein großes Gesteck aus rosa Rosen, so wie auch mein Brautstrauß aussehen würde, hoffte ich. Den bekam ich ja erst noch von Ben. Wir trafen uns alle vor dem Standesamt. Ben war drin und wartete auf mich.
Die ersten Klänge des Hochzeitsmarsches erklangen: "Tamtamtatam … tamtamtatam …" Papa hielt meine Hand und führte mich zu Ben. Mit tränenerstickter Stimme sagte er, als ich bei ihm war: "Bist du schön, Maus, du siehst aus wie ein Engel." Damit überreichte er mir meinen Brautstrauß. Rosa Rosen, die abfallend gebunden waren. Wunderschön.
Dieser Tag war einer der glücklichsten Tage meines Lebens. Ben hatte noch einen gleichen Strauß im Auto, der war für Mamas Grab bestimmt. Damit überraschte er mich und rührte mich zu Tränen. Ich wollte aber nicht weinen, dann würde meine ganze Schminke verlaufen. Das Vorhaben konnte ich nicht halten. Bei unserer Trauung kamen mir die Tränen und bei dem Strauß für Mama auch. Mein Ben war wirklich der liebevollste und tollste Mann, den ich nur haben konnte.

In unserer Location angekommen, gab es Mittagessen, Kaffee und Kuchen später und dann kamen alle anderen Gäste. Freunde, Bekannte, Nachbarn und Arbeitskollegen. Wir waren ungefähr einhundert Personen. Ben hatte einen guten DJ organisiert, mein Vater hatte einen großen Wunsch. Er wollte so sehr, dass wir den Tanz eröffneten zu dem alten Schinken: "Ganz in Weiß." Ich hätte gern: "Das Beste" von Silbermond gehabt.
"Dann tanzt doch zu beiden Liedern", schlug er vor. Das taten wir dann auch.
Als die ersten Zeilen des zweiten Liedes: "Ich habe einen Schatz gefunden und er trägt deinen Namen ..." erklangen, liefen mir schon wieder die Tränen. Sie versiegten zum Glück aber schnell.
Papa tanzte danach mit mir, Ben mit seiner Mama, dann ich mit seinem Vater und Ben mit Katja. Mamas Bild stand jetzt am Rand der Bühne, wo der DJ auflegte, so hatte sie alles gut im Blick. Später ging ich hin, nahm das Foto und drückte es ganz fest an meine Brust. Lange stand ich so da, vermisste sie extrem. Ben legte seine Arme von hinten um meinen Bauch: "Schatz ... Maus, deine Mama ist ganz nah bei dir." Somit drückte ich einen Kuss auf das Glas des Fotos und stellte es wieder an seinen Platz.
Für jeden Geschmack wurde Musik gespielt.

Die Stimmung war toll, Melli und meine Freundinnen hatten für die typischen Hochzeitsspiele gesorgt, das Essen war lecker, mein Mann sah toll aus in seinem dunkel glänzenden Anzug.

Es war schon nachts halb zwölf, als Papa uns alle rausbat. Ein Meer aus roten Luftballons erwartete uns, jeder nahm sich einen, Papa zählte den Countdown runter, bei null ließen wir alle die Luftballons steigen. Kaum stiegen die Luftballons auf, brach ein Feuerwerk los. Arm in Arm mit meinem frisch angetrauten Ehemann stand ich da und staunte. Eine Gänsehaut nach der anderen jagte über meinen ganzen Körper. Das Feuerwerk war wunderschön. Als das vorbei war, warf ich den Brautstrauß. Ich hatte mir so gewünscht, dass Melina ihn auffing, aber wer fing ihn? Es ist kaum zu glauben – Katja. Warum stellte die sich denn da mit dazu? Na ja, weil sie eben noch nicht mit Papa verheiratet war. Trotzdem, sie hätte doch den jungen Frauen den Vortritt lassen können oder? Na ja, vielleicht sehe ich das auch falsch. Ich betete zu Gott, dass mein Vater und sie niemals heiraten werden. Die Hoffnung auf Trennung der beiden hatte ich immer. Er muss doch endlich merken, was diese Frau für eine blöde und missgünstige Person war. Vielleicht war sie toll in ihrem Beruf, das kann

ich nicht beurteilen, aber privat war sie einfach nur mies.
John saß während der ganzen Feier wie festgeklebt auf seinen Stuhl. Er beteiligte sich an nichts, was mir nur recht sein sollte. Unauffällig schwenkte er mit seinem Handy, wenn ich zu ihm sah. Die Warnung verstand ich nur zu gut, aber meinen Tag wollte ich mir nicht verderben lassen. Er schaffte es auch nicht. Viel zu glücklich waren wir. Komischerweise interessierte auch niemanden, warum er nicht mit uns feierte, stattdessen nur dasaß. Er wirkte total unsympathisch. Gott sei Dank sprach mich niemand auf ihn an, ich konnte ihn deshalb gut ignorieren.
Die Feier ging bis weit in die Nacht hinein. Ich lief schon barfuß, weil ich in meinen Pumps nicht mehr einen Schritt machen konnte. Zu Hause bei Ben nahm er mich fest in seine Arme. “Na, meine kleine Frau Bruckmann, wie geht es dir?”
Huch, stimmt, ich war jetzt Elisa Bruckmann. “Mir geht es super, Herr Bruckmann.”
“Bist du glücklich?”, fragte mich mein frisch angetrauter Ehemann.
“Ja, das bin ich”, strahlte ich ihn selig an.

Die Hochzeitsnacht war allerdings nichts, wie waren vollkommen ausgelaugt und kaputt. Arm in Arm schliefen wir ein. Ich traue mich

zu behaupten, dass es den meisten Brautpaaren bestimmt so ergeht. Der Tag ist wunderschön, aber man ist dann auch total kaputt und müde. Ich war verheiratet mit einem gefühlvollen, intelligenten und sehr gut aussehenden Mann. Mein Leben schien wirklich endlich glücklich zu werden. Hatte ich das verdient? Ich weiß es nicht, doch ich war extrem glücklich. Dieses Glück wollte ich für immer festhalten.
Hätte ich es doch nur gekonnt.

Von meinen Großeltern bekamen wir eine tolle Hochzeitsreise nach Dubai. Dort wollten wir schon immer mal hin, jetzt wurde unser Traum wahr. An diesem Tag, so wunderschön er auch war, fehlte mir meine Mama extrem. Gleich am nächsten Tag ging ich mit Ben zu ihrem Grab und wir legten den Strauß ab. Ich erzählte ihr von unserer Traumhochzeit, Ben hielt die ganze Zeit meine Hand.

Am übernächsten Tag ging es für eine Woche nach Dubai. Es war traumhaft schön dort. Wir faulenzten fast nur, badeten in dem herrlich warmen Wasser. Unser Zimmer und das Essen waren genial. Alles wurde wunderschön angerichtet. Als wir anreisten, waren auf unserem Riesenbett rote Rosenblätter gestreut. Eine Geste des Hauses, die wussten, dass wir geheiratet hatten. Ben hat das organisiert. Eine Flasche Sekt war ebenfalls auf dem Zimmer. Er dachte wirklich an alles. An einem Tag unternahmen wir eine Stadtrundfahrt durch Dubai. Eine wahnsinnig schöne, aber sehr, sehr heiße Stadt. Wir waren auf dem Burj Khalifa. Mit dem Fahrstuhl wurden wir in Sekunden zur höchsten Etage mit Aussichtsplattform gebracht. Ein Traum, von dort oben alles sehen zu können. Es kam uns vor, als wären wir in einer völlig anderen Welt. Abends schauten wir uns die Dubai Fountain an, die größten Wasserspiele weltweit direkt am Burj Khalifa. Wasser, Musik und Licht – ein Traum. Die Fontänen und die passende, klassische Musik waren perfekt miteinander abgestimmt. Wir trauten fast unseren Augen nicht, so schön war es, was wir sahen. Arm in Arm standen wir dort und sahen gebannt zu. Wir schlenderten durch die Dubai-Mall, einem riesigen Einkaufszentrum mit unendlich vielen Highlights, zum Beispiel gab es dort eine Eishalle, ein über drei Etagen reichendes Aquarium sowie eine Kindereisenbahn. Wir kamen aus dem Staunen nicht mehr heraus. Auf der Rückfahrt zum Hotel kamen wir am Luxushotel Burj Al Arab vorbei. Man durfte nicht näher heran, aber was wir sahen, war ein Traum. Leider ist dort eine Übernachtung für uns nicht bezahlbar, trotzdem wunderschön.

Völlig geschafft kamen wir am Abend wieder

im Hotel an.

Leider geht auch die schönste Zeit einmal vorbei, der Alltag hatte uns wieder. Papa hat uns eine wunderschöne Wohnung mit großen Panoramafenstern und einer tollen Terrasse organisiert. Schon bei der Besichtigung waren Ben und ich Feuer und Flamme. Die Wohnung war ein Traum mit sehr großen Fenstern, lichtdurchflutet und groß. Was uns noch mehr verwunderte, diese Wohnung war sogar bezahlbar, weil sie etwas außerhalb der Stadt gelegen ist. Er kannte eben die richtigen Personen. Wir bekamen zur Hochzeit von meinen Großeltern, von meinem Vater und von Bens Eltern Geld geschenkt, davon konnten wir uns eine schöne, helle Küche mit allem Drum und Dran kaufen. Alles andere nahmen wir erst mal von Ben mit. Er hatte alles, was wir brauchten. Papa wollte uns die anderen Möbel bezahlen, das wollten wir jedoch nicht. Nein, wir schafften das allein, ich mochte nicht immer nur Papas Geld haben. Ben und ich verdienten gut, von daher musste es möglich sein, uns alles allein aufzubauen. Die Wohnung hatte uns Papa besorgt und die Kaution bezahlt, das war schon genug. Die Option, die Wohnung zu kaufen, bestand ebenfalls. Das wollte Ben nicht wirklich, er hatte vor, irgendwann mit mir ein Häuschen zu kaufen, wenn nicht sogar eines bauen zu lassen, mal sehen, da waren wir uns noch nicht so schlüssig. Jetzt hieß es erst mal arbeiten, Geld verdienen und sparen.

Ich war glücklich, das kann ich mit Gewissheit sagen. Das Glück stand endlich auf meiner Seite. Trotzdem holten mich meine Trauer und meine Panik immer wieder ein. Es gab Phasen, da ging es mir sehr gut, ich konnte mein Glück in vollen Zügen genießen. Die dunklen Tage rangen mir jedoch immer mehr alles ab. Es fiel mir unendlich schwer, jeden neuen Tag zu meistern, nicht ständig zu Hause zu weinen und in meinem Beruf das Beste zu geben.

Das größte kleine Glück auf Erden

Ein halbes Jahr nach unserer Hochzeit überkam mich tägliche Übelkeit. Fast jeden Morgen musste ich mich schon zu Hause übergeben, auf Arbeit auch fast täglich. Erst dachte ich, mir den Magen verdorben zu haben. Als ich morgens wieder über der Toilette hing und meine Haare zusammenhielt, fiel es mir wie Schuppen von den Augen. Sofort besorgte ich mir einen Schwangerschaftstest – POSITIV. Nein, doch jetzt noch nicht, wir wollten doch erst sparen und sehen, was wir machen. Haus bauen oder große Wohnung mieten, vielleicht eine mit Dachterrasse? Wie würde Ben auf die Nachricht reagieren? Ich wartete noch ein paar Tage ab, bis ich es ihm sagen wollte. Meine Angst stieg ins Unermessliche. Würde er mich fallen lassen? Er wollte doch bestimmt auch noch kein Baby. Nein, er würde mich trotzdem lieben, so fies war er nicht. Inständig hoffte ich es. Ich kaufte weiße Babyschühchen, verpackte sie und legte sie zum Abendessen auf seinen Teller.

“Oh, ein Geschenk?”, freute er sich.

“Hmhm”, war ich ganz kleinlaut.

Er packte es aus und hielt die Schuhchen in seinen Händen. Fragend sah er mich an. Ich lächelte unsicher. Mein Herz raste, seine Mi-

mik erwachte: “Nee Elisa … nee … oder?”, er strahlte über sein ganzes Gesicht. Meine Angst war total unbegründet.
“Doch Ben, Schatz … du … wirst Papa.” Er sprang vom Stuhl, eilte zu mir, zog mich hoch, nahm mich in seine Arme und drehte sich mit mir, bis mir schwindelig wurde. “Hör auf, mir ist schon ganz schwindelig und schlecht.”
“Oh … Entschuldige …”, er führte mich zu meinem Stuhl: “Setz dich, du musst dich schonen … ähm … was … also …” Wie süß. Ich freute mich. Der Arme war ganz durcheinander.
“Schatz, es ist alles gut, beruhige dich. Ich bin nicht krank, nur schwanger.”
“Egal, was es ist, Maus, du sagst mir alles, was du brauchst, o. k.? Ich mache das.”

“Ja, mein Schatz, aber wie gesagt, ich bin nur schwanger und nicht halbtot”, lachte ich. Jetzt freute ich mich auch auf unser Würmchen. Inständig hoffte ich auf einen Sohn. Ein Mädchen wollte ich nicht. Keine Tochter in diese kranke Welt von Perversen. Nein, das konnte ich mir nicht vorstellen. Wir richteten das Kinderzimmer in neutralen Farben ein. Nein, was es werden würde, wollten wir nicht vorher wissen.
Meine Schwangerschaft war anstrengend, ich erbrach mich häufig, die letzten acht Wochen

musste ich fast nur liegen. Krankgeschrieben wartete ich gelangweilt auf dem Sofa auf die Entbindung. Als die Wehen einsetzten, dachte ich, diese Schmerzen würde ich nicht überleben. Ben fuhr mich ins Krankenhaus und wich nicht von meiner Seite. Wie hielten das nur alle werdenden Mütter aus? Es tat so höllisch weh und nichts ging vorwärts. Ich war kurz vor der Verzweiflung. Mehrmals musste ich mich vor Schmerzen übergeben. Aber auch das ging vorbei. Nach achtzehn Stunden Wehen und einem Dammschnitt erblickte unsere Tochter das Licht der Welt. Oh nein! Ein Mädchen! Als ich das kleine Bündel im Arm hielt, war ich trotzdem selig. So ein kleiner, süßer Wurm. Der kleine Mund und die kleinen Händchen … ich kam mir vor wie im Traum. Ben und ich weinten vor Glück. Alle kamen uns besuchen und bewunderten unser Engelchen. Wir gaben ihr den Namen Selina. Unsere Familien und Freunde besuchten uns. Sie waren ganz vernarrt in die kleine Maus. Jeder sagte, sie sähe aus wie ich. Auch das noch! Klar sah ich das auch, ich hatte ja Augen im Kopf, hoffte aber, mich zu täuschen. Und es war so – je älter sie wurde, desto mehr war sie mir wie aus dem Gesicht geschnitten. Ich hatte so gehofft, dass sie nach ihrem Papa schlägt. Hätte das einen Unterschied gemacht? Bestimmt nicht. Meine Gedanken waren total

idiotisch, damals sah ich das leider nicht.
Wieder kroch die Angst in mir hoch. Was mache ich, wenn sie weint? Stillen konnte ich nicht. Fläschchen geben? Wenn sie weiter weint? Spazieren gehen? Herumtragen? Ich hatte doch überhaupt keine Ahnung, wie man mit Babys umgeht. Eine Mutter hatte ich nicht mehr, Katja würde ich nie um Hilfe bitten. Bens Mutter war die Lösung. Anja vertraute ich meine Ängste an.
"Mach dir keine Sorgen, Elisa, du weißt immer instinktiv, was die Kleine braucht. Du kannst mich natürlich jederzeit anrufen, dann komme ich und helfe dir." In den ersten acht Wochen rief ich sie fast täglich an und sie stand zu ihrem Wort, half mir, wo sie konnte. Selina war ein Schreibaby, stundenlang konnte sie weinen ohne ersichtlichen Grund. Meine Schwiegermutter wollte ich nun aber nicht mehr ständig belästigen, sie ging schließlich auch arbeiten.
Haushalt und Baby wuchsen mir langsam über den Kopf. Entweder widmete ich meine Zeit ganz Selina oder dem Haushalt. Doch alles zusammen bekam ich nicht hin. War es das jetzt? Hausfrau und Mutter? Irgendwann Kita und arbeiten gehen? Ben und ich hatten besprochen, dass ich die ersten drei Jahre für Selina zu Hause bleiben würde. Finanziell konnten wir uns das leisten. Doch was pas-

siert, wenn sie groß wird? Ein Mädchen ist doch nur ein Sexobjekt, mehr nicht. Meine Gedanken wurden immer kranker. Manchmal sah unsere Wohnung aus wie nach einem Bombenangriff, wenn Ben von der Arbeit kam. Ich weinte viel, weil ich die Kleine nicht beruhigen konnte. Es kam vor, dass ich ihr Körbchen in ihr Zimmer schob und sie weinen ließ. Ich setzte mich auf die Couch und hoffte, sie würde sich von allein beruhigen und einschlafen. Manchen Tag wickelte ich sie nur, wenn es unbedingt sein musste. Ben stellte oft fest, dass die Kleine ganz rot im Windelbereich war.
“Elisa, du musst dich besser um unsere Püppi kümmern. Das geht so nicht”, belehrte er mich dann.
“Ich mache doch alles, was ich kann”, rechtfertigte ich mich.
“Nein, dann wäre die Kleine nicht so rot.”

Ich brachte nicht mal die Windeln jeden Tag raus in die Tonne, einfach in die Ecke des Badezimmers geworfen und fertig. Kuscheln wollte ich auch nicht wirklich mit ihr. Plötzlich schlug die Stimmung wieder um. Mich überkam das schlechte Gewissen, dann knuddelte ich die Kleine und sagte ihr, wie sehr ich sie liebe und sie das Wichtigste auf der Welt für mich war. Das meinte ich auch genauso.

Doch in meiner dunklen Welt war ich zu kaum etwas fähig. Ich zog die Kleine apathisch an, legte sie in den Kinderwagen und fuhr an die frische Luft. Das musste reichen. Im Kinderwagen weinte sie fast nie. Sollte ich nun Stunden jeden Tag damit verbringen, mit diesem kleinen Schreizwerg spazieren zu gehen? Nein, ich lasse mich doch von einem Baby nicht tyrannisieren. Mein Gott, wenn ich heute über mein Verhalten nachdenke, könnte ich mir die Seele aus dem Hals kotzen.
Ich weinte, ich schrie die Kleine an, sie solle doch endlich still sein, erledigte den Haushalt nur, wenn ich Lust hatte. Am liebsten saß ich einfach nur da und starrte Löcher in die Luft. Auch mich selbst vernachlässigte ich. Das Einzige, was mich interessierte, war das Leben, was Selina als Mädchen erwartete. Dieser Gedanke brachte mich fast um meinen Verstand. Doch ich wurde ihn nicht los, es wurde immer schlimmer.
Ich liebte mein Töchterchen über alles, aber es ihr zu zeigen, fiel mir unglaublich schwer. Wenn Ben da war, riss ich mich zusammen, dann war ich die liebevolle Mama. Sonst leider nicht.
Ganz plötzlich war die Schreiphase vorbei. Sie weinte nur noch, wenn sie hungrig war, die Windeln voll oder sie Langeweile hatte. Nachts schlief sie mit sechs Monaten ungefähr

sechs Stunden durch. Alles hätte so gut sein können.

Mein Vater bot sich oft an, die Kleine über Nacht zu behalten, dass Ben und ich Zeit für uns hatten. Nie im Leben hätte ich das gemacht. Selina ließ ich nie unbeaufsichtigt bei Papa. Niemals. In Katja hatte ich auch kein Vertrauen und wenn John zu Besuch war und die Kleine ohne uns dort? Nein, da wollte ich gar nicht darüber nachdenken.

All diese Traurigkeit

Am Anfang dachte ich, es sind die Hormone und es würde besser werden. Leider zerschlug sich diese Hoffnung, denn es wurde nicht gut. Ganz im Gegenteil: Meine Trauer, meine Angst, Panik und mein Ekel holten mich immer mehr ein. Ich war zu kaum etwas fähig in diesen Zuständen. Es gab schöne, helle Tage, da war ich fast perfekt. Mein Haushalt blitzte, ich kümmerte mich rührend um Selina. Die dunklen Tage jedoch häuften sich. Ich sah dann kein Licht mehr. Erledigte nur, was unbedingt sein musste, kümmerte mich alles andere als gut um mein Baby. Ging ich das Grab meiner Mama zweimal die Woche besuchen, so war es jetzt wieder täglich. Selina war immer dabei. Ich erzählte ihr von ihrer Oma und wünschte mich immer mehr zu meiner Mutter. Das Leben war wieder so schwer geworden für mich. Wo war mein Glück hin? Es war doch alles so schön gewesen. Am meisten hatte ich die kranke Angst, was mit Selina passieren würde, wenn sie ein junges Mädchen werden würde. Erging es ihr wie mir? Wurde sie ein Opfer von perversen Schweinen? Diese Furcht fraß mich regelrecht auf. Immer und immer wieder. Jede Nacht schreckte ich hoch, Albträume waren präsenter denn je. Jetzt handel-

ten sie nicht nur von mir und meinen Peinigern, sondern auch von meinem Töchterchen. Es war so grausam. Mein Schlafshirt klebte an meinem verschwitzten Oberkörper, ich bekam kaum Luft, wenn ich hochschreckte oder mein Mann mich aufweckte. Heiße Tränen liefen über meine Wangen, ich hasste mich so abgrundtief für mein Verhalten. Es gab Tage, da fühlte ich mich wie im Fieber. Jeden Morgen quälte ich mich regelrecht aus dem Bett. Mein Engelchen hätte doch Motivation genug für mich sein können. Auch die Liebe zu meinem Mann. Leider war es nicht so. Täglich focht ich innere Kämpfe mit mir aus, um überhaupt aus dem Bett zu kommen.
Schlaftabletten hatte ich nicht mehr, denn ich bin nie wieder zu dem Psychiater gegangen. Schön blöd. Hätte ich es doch nur getan.

Ben und ich haben uns doch so geliebt. Tat er das noch? An einem Abend im Bett fasste ich mir ein Herz, nahm allen Mut zusammen und fragte ihn: "Ben, Schatz … liebst du mich noch?"
Er machte seine Nachttischlampe an, drehte sich auf die Seite und sah mich an: "Na klar, liebe ich dich über alles, Maus. Aber wie du hier zu Hause alles vernachlässigst und dich schlecht um die Kleine kümmerst, das passt mir überhaupt nicht. Sie braucht dich doch."

“Ich mache doch …”
“Nein …”, unterbrach er mich: “Du möchtest vielleicht, aber du machst es nicht. Denkst du, ich sehe das nicht? Ich würde nicht mitbekommen, wie schlecht es dir geht? Bitte, lass dir doch endlich helfen.” Seine Worte trieben mir die Tränen in die Augen. Er hatte so recht. Ich weinte hemmungslos. Er nahm mich in seine Arme und streichelte mich ununterbrochen, bis ich mich wieder beruhigt hatte.
“Manchmal denke ich, es wäre besser, wenn es mich nicht mehr geben würde. Dann wärst du frei, könntest dir eine Frau suchen, die gut zu dir ist und keine Probleme in der Art wie ich hat und sich rührend um Selina kümmert.” Beim Reden schluchzte ich ununterbrochen.
Erschrocken ließ er mich los, nahm mein Gesicht in seine Hände: “Elisa, was redest du denn da? Ich will keine andere Frau. Du bist gut so, wie du bist. Du musst dich nur besser um den Haushalt und unsere Tochter kümmern. Das kann man alles lernen … Weißt du was? Ich frage meine Eltern, ob sie die Kleine von Samstag bis Sonntag zu sich nehmen und wir gehen essen oder treffen uns mit Melli und ihrem Freund. Was hältst du davon?”
Schulterzucken von mir. Das konnte ich immer noch sehr gut.
“O. k, dann machen wir das”, legte mein Schatz fest.

Wir gingen mit Melli und ihrem Freund essen. Melina rauchte und bat mich, mit ihr vor die Tür zu kommen. “Mädchengespräche” entschuldigte sie uns, wir verschwanden vor die Tür.
Ohne Umschweife sprach sie mich an: “Elli, was ist los mit dir? Du siehst total fertig aus.”
“Na ja, Kind und Haushalt … habe noch nicht wirklich in meine Rolle gefunden”, redete ich mich heraus.
“Das ist alles? Glaube ich dir nicht, Elisa. Dein Blick ist gehetzt, du bist nervös, fast ängstlich. Ist Ben schlecht zu dir?”
“Um Gottes willen, nein. Er ist der beste Ehemann und Papa der Welt.”
“Was ist es dann?” Tränen stiegen schon wieder auf. Wie ich das hasste. “Ich kann nicht darüber reden, Melli.”
“Bitte Elisa, rede doch mit mir. Ich bin für dich da.” Ich schüttelte heftig mit dem Kopf und rannte zur Toilette. Ich musste mich jetzt unbedingt wieder fangen. Bloß nicht den Abend ruinieren, das haben sie nicht verdient. Ich riss mich zusammen und der Abend wurde ganz schön, auch wenn Melli mich immer wieder fragend ansah.
Abends im Bett wurde Ben zärtlich: “Nein … bitte nicht. Ich kann das jetzt nicht.” Ben seufzte tief.
“Du kannst das fast gar nicht mehr. Du hast

mich gefragt, ob ich dich noch liebe. Jetzt frage ich dich – liebst du mich überhaupt noch?"
"Mehr als mein Leben liebe ich dich", kam es wie aus der Pistole geschossen von mir. Ich liebte meinen Mann wirklich über alles und meine Tochter genauso. War ich doch aber so gefangen in meiner Welt aus Angst, Trauer und Ekel. Enttäuscht drehte er sich auf die andere Seite und schlief ein. Mein Ekel vor mir war wieder so groß, dass ich nicht mal mehr Lust hatte auf wohlriechendes Massageöl oder gemeinsames Duschen oder Baden.

Ben musste zu einer Weiterbildung für eine Woche. Eine Woche ganz allein mit Haushalt und Selina? "Soll ich meine Mutter fragen, ob sie dir hilft?"
"Nein, ich schaffe das schon." Das wollte ich wirklich. Unbedingt wollte ich ihm beweisen, dass ich einen Haushalt führen konnte und eine gute Mami für mein Baby war.

"Ich hätte ein besseres Gefühl, wenn meine Mutter mal nach dem Rechten schauen würde."
"Oooaa Ben, ist gut jetzt. Ich habe gesagt, ich schaffe das, glaub mir doch einfach mal."
"Ja ist ja gut, ich habe es doch nur gut gemeint."
"Dann hör auf, mich zu belehren oder mich

kontrollieren zu wollen.”
Wie recht er doch aber hatte. Es wäre tausendmal besser gewesen, wenn meine Schwiegermutter mir unter die Arme gegriffen hätte. So kam es, wie es kommen musste.

Ich ließ alles stehen und liegen. Mir fehlte jeglicher Antrieb zum Putzen oder mich um Selina zu kümmern. Wieder überließ ich sie oft sich selbst, anstatt mit ihr zu spielen, sie zu fördern oder mit ihr zu kuscheln. Sie krabbelte bereits, ständig musste ich hinterherlaufen. Total genervt war ich davon. Selina hatte ein Laufställchen, in das sie aber nur sollte, wenn es gar nicht anders ging. Zum Beispiel es klingelte an der Haustür, ich badete oder saß auf der Toilette. Jetzt ließ ich sie Stunden da drin, weil ich nicht ständig hinter ihr herlaufen wollte. Zu meiner Mama ging ich aber täglich mit Selina. Im Kinderwagen sitzend betrachtete sie ihre kleine Welt und brabbelte vor sich hin. Selina war so zuckersüß. Verdammt noch mal, warum sah ich es denn nicht immer?!
“Mama, hol mich doch endlich zu dir. Bitte … das Leben ist so schwer … ich kann das nicht … nicht mehr”, weinte ich an ihrem Grab.
Abends im Bett sprach ich in Gedanken immer: “Bitte lieber Gott, lass mich einschlafen und nicht mehr aufwachen. Ich schaffe das hier alles nicht mehr. Befreie Ben von mir.

BITTE!" Ich wollte Selina und Ben nicht allein lassen, jedoch war ich überzeugt davon, dass sie nur ohne mich glücklich sein können.
Die Woche, in der Ben weg war, wusch ich die Wäsche nicht, räumte die Spülmaschine weder ein noch aus, saugte nicht die Böden und wischte keinen Staub. Ich duschte mich alle drei Tage und die Kleine setzte ich auch nur alle zwei Tage in die Wanne. Wäre ja nicht schlimm, wenn man sich und die Kleine wenigstens mit einem Waschlappen und Seife gesäubert hätte. Nein, auch das tat ich nicht.
Die Woche war endlich vorbei und Ben würde morgen Vormittag nach Hause kommen. Erschrocken sah ich mich in der Wohnung um. Unbedingt musste ich Ordnung machen, mich duschen und Selina rausputzen. Das nahm ich mir ganz fest vor. Wie es so ist, alles kam anders.
Ich war auf dem Sofa fest eingeschlafen, unsanft wurde ich wachgerüttelt. Es dauerte eine Weile, bis ich realisierte, dass es mein Mann war, der mich aufweckte. "Sag mal, Elisa, spinnst du komplett?"
Schlaftrunken sah ich ihn an: "Du bist schon da?", fragte ich erschrocken.
"Ja, ich bin schon da, zum Glück bin ich da. Hier siehst es aus wie bei den letzten Assis."
"Lass mich doch erst mal wach werden, Schatz."

“Nix Schatz, schläft die Kleine?”
“Ich denke schon”, antwortete ich schuldbewusst. Ich wollte doch alles aufräumen morgen, warum war er denn jetzt schon da? Klar freute ich mich, ihn wieder um mich zu haben, aber es war mir so schrecklich peinlich, wie die Wohnung aussah. Als er aus dem Kinderzimmer kam, war er ganz blass. “Wann hast du die Kleine zuletzt gebadet? Hast du Töpfchentraining gemacht?”
Die Fragen prasselten nur so auf mich ein. Was sollte ich denn sagen?
“Ben, ich habe versagt, komplett und auf ganzer Linie. Ich kann nicht mehr”, begann ich zu schreien. “Ich kann das alles nicht.”
“Meine Mutter hätte dir geholfen.“
“Ja und dann? Sie kann nicht immer parat stehen. Ich muss das allein können. Andere Frauen schaffen das doch auch. Warum kann ich das nicht?”

“Weil du ein Riesenproblem mit dir trägst und dir nicht helfen lässt. Elisa, du hasst dich selbst. Meinst du, ich merke das nicht? Warum darf die Kleine nicht mal über Nacht bei deinem Vater bleiben? Da hätte sie es doch auch gut und du könntest was mit Melli machen oder so.” Ich zuckte sofort zusammen. Bei seinen eigenen Worten wurde Ben plötzlich ganz blass. Mit großen, erschrockenen Augen

sah er mich an.
“Nein … bitte … nicht. Jetzt … da hätte ich doch eher drauf kommen müssen.” Hin und her lief er im Wohnzimmer:
“Was ist denn jetzt los?”, fragte ich blöd.
Er setzte sich zu mir: “Es war dein Vater oder?”, fragte er mich entsetzt.
“Was meinst du?”
“Dein Vater hat dich … darum darf die Kleine nie … ohne dich oder uns bei ihm bleiben?”, stotterte er geschockt. Erst konnte ich gar nicht reagieren. Mir wurde heiß, dann wieder eiskalt.
“Ich gehe die Kleine baden”, hirnrissiger ging es von meiner Seite nicht mehr, die Kleine schlief tief und fest. “Jetzt doch nicht”, reagierte Ben sofort.
“Aber du hast gesagt, sie muss gebadet werden.”
“Morgen früh machen wir das … Bitte Maus, sag es mir, war es dein Vater?” Was hätte ich tun sollen? Abstreiten? Es lag doch klar auf der Hand. Also nickte ich.
“Oh mein Gott … dieses Schwein.”
“Es tut ihm doch leid”, wollte ich Papa in Schutz nehmen.
“Ach ja? Woher weißt du das denn? Hast du ihn gefragt? Du lässt die Kleine nicht aus den Augen, wenn wir dort sind. Das passt jetzt alles zusammen … Himmel … ich war so

blöd, es zu sehen … Selbst wenn es ihm leid täte … das ist das Allerletzte. Mein Gott, ich zeige den an!“
“Nein, das tust du nicht. Wenn, dann könnte ich das nur und werde das nicht machen. Ich will meine Ruhe von dem ganzen Scheiß haben.”
“Du hast doch aber keine Ruhe, Elisa. Es beschäftigt dich doch immer noch. Du ekelst dich vor dir selbst, du hast Angst, Albträume und was weiß ich noch alles. Neulich hast du sogar gesagt, dass eine andere Frau besser wäre für mich und du zu deiner Mama möchtest. Elisa, das sind alles Anzeichen für Depressionen oder ein Trauma oder was weiß ich. Das ist doch nicht normal. Ich flehe dich an, lass uns professionelle Hilfe für dich suchen.”
“Mein Vater hat sich doch aber in den Griff bekommen. Weißt du, ich bin so hin- und hergerissen. Für das, was er mir und Mama angetan hat, hasse ich ihn. Aber für alles andere liebe ich ihn. Er ist mein Vater.”
“Was hat er deiner Mama angetan?”, wollte Ben wissen.
“Er hat sie verprügelt. Auch mich, aber nicht so oft. Deshalb gibt er sich auch die Schuld an ihrem Tod. Dabei gebe ich sie mir selbst. Ich habe ihr von dem Missbrauch erzählt, seitdem war sie nie wieder dieselbe.”
Ben schüttelte immer wieder ungläubig den

Kopf.
“Du liebst ihn?” Unverständnis in seinem Blick.
“Ja, irgendwie schon.”
Wenn er nur wüsste, dass mein Vater nicht der Einzige war. Ich war kurz davor, es ihm zu sagen, konnte es dann aber doch nicht, ich DURFTE nicht. Alle würde ich mit in den Abgrund ziehen, wenn John den Mist veröffentlichte. Ich kann es nur noch mal sagen: Einmal im Netz – immer im Netz. Lieber sollte Ben auf mich stinksauer sein, aber das mit John würde ich ihm niemals erzählen können. Davon war ich felsenfest überzeugt. Niemals!

“Komm, wir gehen erst mal schlafen”, sagte Ben zu mir, nachdem er sich beruhigt hatte. Wir bekamen in dieser Nacht aber beide kein Auge zu. Am nächsten Morgen frühstückten wir alle drei. Selina war selig, dass ihr Papa wieder da war, dann badeten wir die Kleine, ich begann mit dem Hausputz. Meine Güte, hier sah es aber auch aus. Nachmittag war ich endlich fertig. Die ganze Zeit beschäftigte Ben sich mit seinem Töchterchen, als sie ihr Mittagsschläfchen hielt, half er mir beim Putzen. Endlich war alles wieder sauber. Warum bekam ich das allein nicht hin? Wieder fing Ben damit an, dass ich doch endlich zu einem Psychologen gehen sollte.

“Oder in eine Tagesklinik? Dann wärst du jeden Nachmittag wieder zu Hause?“ Langsam regte er mich auf. Verstand er einfach nicht, dass ich nicht darüber reden konnte?
“Ben, ich kann nicht darüber reden. Es geht einfach nicht.”
“Versuch es doch wenigstens”, bettelte er mich schon regelrecht.
“Ich kann es nicht … du weißt noch nicht alles”, rutschte es mir heraus. Am liebsten hätte ich mir die Zunge abgebissen. Mist!
“Wie noch nicht alles? Was … ist … es noch?”
Ich konnte einfach nicht mehr, es musste raus, so wenig ich das wollte und wie sehr ich es auch verhindern mochte. Es ging nicht mehr. Ben hatte die Wahrheit verdient, egal, wie es ausgehen würde.
“John …”, kam es kläglich von mir.
“Er hat dich auch vergewaltigt?” Ben war weiß wie eine Kalkwand.
“Er hat dabei Fotos von mir gemacht und Filmchen gedreht, oft hatte ich verbundene Augen, dass ich nicht genau weiß, ob er gefilmt oder fotografiert hat und wie viel es sind, weiß ich auch nicht.”
Ben wurde immer blasser, doch jetzt hatte ich angefangen und wollte es zu Ende bringen: “Damit hat er mich erpresst. Ich hatte ihm immer zur Verfügung zu stehen, wenn er seine

perversen Sexspielchen mit mir spielen wollte. Katja und ihn hatte ich zu bedienen. Sollte ich irgendjemandem etwas davon sagen oder machte ich nicht, was er wollte, würde er alles veröffentlichen. Damals noch in der Schule, dann in der Ausbildung und jetzt bei der Bank. Ich weiß es nicht, ob er es jetzt noch tun würde, ob er die Bilder noch hat, aber ich glaube schon …" Ben wurde immer bleicher.
"Jetzt wird mir so viel klar. Darum hast du mit dem fast nie gesprochen. Das ist mir aufgefallen, aber ich dachte, ihr könnt euch halt nicht leiden."
"Bitte, Ben, sag es niemanden."
"Was? Den Typen schlage ich die Seele aus dem Leib. Was hat er dir nur alles angetan?"
"Alles, was du dir nur vorstellen kannst."
Er ballte die Fäuste, seine Kiefer arbeiteten: "Den mache ich fertig, ich zeige den Perversling an."
"Hörst du mir zu? Er kann die Bilder und Filmchen immer noch haben. Möchtest du, dass ich so gesehen werde? Auch wenn du ihn anzeigst und die Bilder gelöscht werden müssen. Sind sie erst verbreitet, sind sie es. Es wird gelikt, geteilt, man kann sie nie gänzlich verschwinden lassen. Bitte belass es dabei. Ich möchte das nicht."
"Soll das Arschloch wirklich so mit allem davonkommen? Völlig ungestraft?"

“Was soll ich denn machen? Ich habe eine Riesenangst vor den Konsequenzen, Schatz.” Meine Tränen liefen und liefen. Ich verfiel in hemmungsloses Weinen und Zittern, hatte ich doch keine Chance, gegen ihn etwas zu unternehmen. Bens Gesicht glich einer Maske aus Entsetzen und Schock.

“Mein Gott … Maus”, bei diesen Worten nahm er mich in den Arm. Er zitterte am ganzen Körper.

“Jetzt ekelst du dich auch vor mir und verstehst mich endlich, dass eine andere Frau besser für dich wäre, oder? Ich habe doch recht?”

“Nein, Elisa, hast du nicht. Ich liebe dich und du kannst doch für die perversen Schweine nichts. Dein Vater wird uns nicht mehr sehen, nie wieder.”

Ich sagte nichts mehr. Ben war total verkrampft und angespannt. Ich war es jetzt, die ihn beruhigen und trösten musste. Arm in Arm weinten und zitterten wir beide.

Morgen war Samstag, wir gingen einkaufen, spielten mit der Kleinen. Als sie abends schlief, öffneten wir uns eine Flasche Wein und redeten und redeten. Fast die ganze Nacht.

“Wir haben doch noch so viele Träume und Pläne. Bitte lass es nicht zu, dass dich deine Vergangenheit kaputtmacht. Lass uns gemeinsam Hilfe suchen.”

“Ich kann es doch aber nicht, warum verstehst

du das denn nicht? Weißt du, wie schwer es ist, über so etwas Schreckliches zu reden? Ich schäme mich unendlich dafür."
"Du musst dich für nichts schämen, Maus. Die Dreckschweine waren es, nicht du."
"Ich weiß das alles, theoretisch ist es mir ganz klar, trotzdem ist es so. Ich schäme mich, ich ekele mich vor mir und ich traue mich auch nicht, mit Fremden darüber zu reden." Ich begann zu schluchzen, wurde immer hysterischer. "Warum verstehst du das denn nicht? ICH KANN ES NICHT!!!"
Sofort nahm er mich in seine Arme und hielt mich ganz fest: "Schschsch … Maus … sorry … alles ist gut." Arm in Arm weinten wir.
Ich war ein Leben lang an diesen Wahnsinn gewöhnt, wenn man es überhaupt so nennen kann. Doch mein armer Ben hatte sich von jetzt auf gleich auf die ganze schreckliche Wahrheit einstellen müssen. Mein Kopf tat schrecklich weh, meine Augen brannten.
"Ich möchte ein Buch schreiben", sagte ich plötzlich. Mit diesem Gedanken beschäftigte ich mich tatsächlich schon eine ganze Weile.
"Was …?", fragte Ben entgeistert.
"Na ja nicht ich selbst, das kann ich ja nicht, aber vielleicht würde es eine Autorin für mich machen. Ich würde ihr alles erzählen und sie würde daraus ein Buch machen."
"Das ist nicht dein Ernst. Du kannst zu keinem

Psychologen gehen, weil deine Scham so entsetzlich groß ist und jetzt willst du es einer Autorin erzählen? Einer völlig fremden Person? … und was ist, wenn du oder wir erkannt werden?”
“Natürlich würde ich mit ihr besprechen, dass sämtliche Namen und Orte verfremdet werden. Außerdem sitzt sie ja nicht persönlich mit mir zusammen. Das wäre so ähnlich wie anonym, verstehst du?”
“Ich glaube nicht, dass so etwas klappen kann. Sie wird dich doch bestimmt persönlich kennenlernen wollen, Elisa. Es geht um deine Geschichte. Das macht man doch nicht mal eben so nebenbei.”
“Ich glaube nicht, dass man uns erkennen würde. Selbst wenn, könnte es niemand beweisen.”
“Nee, Elisa, das machen wir mal nicht. Wir schlafen jetzt erst mal o. k.?”
Sanft küsste er mich: “Es tut mir so leid, was dir passiert ist, Maus. Könnte ich es doch nur ungeschehen machen oder dir deine Last von den Schultern nehmen.“
“Ich weiß.”
Wieder eine schlaflose Nacht für meinen Mann und mich.
Wie sollte es jetzt weitergehen? Mein Vater würde fragen, warum wir nicht mehr zu Besuch kommen? Warum er und Katja nicht

mehr hierherkommen dürften. Was soll ich denn jetzt machen? Wie geht mein Mann mit den ganzen, schrecklichen Tatsachen um?

‘Ich will nicht mehr und ich kann nicht mehr. Hört das denn nie auf? Mama, hol mich doch endlich zu dir.’

Kontakte

Ich las in letzter Zeit viele Bücher über sexuellen Missbrauch. Eigentlich habe ich sie sprichwörtlich verschlungen. Mein Gott, es gibt so eine unendlich große Zahl von Missbrauchsopfern. Unfassbar! Die Bücher von Martina Woknitz hatte ich alle gelesen. Ich las auch von anderen Autorinnen solche schrecklichen Opfergeschichten. Martina Woknitz hatte es mir angetan. Bei ihren Büchern fühlte ich, als würde sie mir gegenübersitzen und es mir erzählen. Das gefiel mir.

In dieser Nacht fasste ich den Entschluss, einen Kontakt zu ihr herzustellen. Wenigstens versuchen wollte ich es. So gab ich ihren Namen bei Facebook ein und hoffte, sie ist dort angemeldet. Sie war es. Gleich am nächsten Tag setzte ich mich an den Laptop und schrieb völlig unverfangen eine PN über Facebook. Nie hätte ich mit einer Antwort gerechnet, aber natürlich gehofft. Und sie kam. Drei Tage später. Ui, war ich aufgeregt. Von diesem Tag an schrieben wir uns unzählige E-Mails und Whatsapps, in denen ich viel von meinem Leiden preisgab. Martina schlug mir dann vor, zu telefonieren oder mich besuchen zu kommen. Sie sagte wörtlich: “Elisa, dein Leidensweg ist

unbeschreiblich schrecklich. Wenn du es wirklich möchtest, schreiben wir alles auf. Ich spreche mit meinem Verlag, ob es möglich wäre, ein Buch über deine Schrecken zu veröffentlichen und dann werden wir sehen. Ist das für dich o. k.?"
"Sie verfremden alles, oder?"
"Ich bin Martina. Du musst mich nicht siezen. Ich schreibe nur das, was du möchtest. Du bist mein Chef, Elisa."
"Aber was mache ich, wenn mich trotz der Verfremdung jemand erkennt?"
"Damit muss man leider rechnen, Elisa. Die Angst würde ich dir sehr gern nehmen, aber das wäre nicht fair und auch nicht ehrlich."
"Wie geht es jetzt weiter?", wollte ich wissen. Sie war so nett. Ihre Mails waren schon toll, aber am Telefon hat sich mich total überzeugt. Ihr konnte ich vertrauen, das sagte mir meine Intuition.
"Nun, ich würde dir Bescheid sagen, wie der Verlag dazu steht. Dann wäre es schön, wenn wir uns persönlich treffen könnten. Du kannst dir dann einen Eindruck von mir verschaffen. Vielleicht möchte dein Mann ja auch dabei sein. Wenn ich alles fertig habe, schicke ich es dir per Mail und du liest alles und lässt es sacken. Erst dann entscheidest du, ob du es wirklich als Buch veröffentlichen lassen möchtest."
"Ähm … da … haben … wir … ein Problem",

stellte ich fest.
“Welches Problem haben wir?”
“Ein persönliches Treffen schaffe ich nicht. Ich kann es dir nicht persönlich Face to Face erzählen.” Meine Stimme brach.
“Hey, Elisa, das ist völlig o. k. Wir müssen uns nicht treffen. Beruhige dich, es ist alles gut.”
“Danke”, schluckte ich schwer.
“Wir machen es so: Du schreibst auf, was du erzählen möchtest und schickst es mir, o. k.? Es ist völlig egal, wie viele E-Mails es werden. Wir können auch telefonieren. Wie du es magst, ist es richtig.”
“Mir wäre schriftlich am allerliebsten”, entgegnete ich unsicher. Sie war so nett und verständnisvoll, ich kam mir vor wie der letzte Idiot.
“Ja gut, dann machen wir es so. Schreib alles auf, was du möchtest und was aus deiner Seele raus will. Anrufen kannst du mich aber trotzdem jederzeit. Wenn ich nicht rangehe, dann sprich auf den Anrufbeantworter, ja? Ich verspreche dir, ich rufe zurück.”
“Ja, ich danke Ihnen … ähm … dir. Ist … Das ist der Hammer, dass du wirklich auf meine Nachricht reagiert hast.”
“Nein, Elisa, ICH danke DIR.”
“Wofür?”
“Für dein Vertrauen und deinen Mut.”

Ich versprach ihr, alles aufzuschreiben, wir verabschiedeten uns. Völlig durcheinander und aufgeregt war ich. Sie hat mir geantwortet, mit mir geschrieben und mit mir telefoniert. Der Hammer!
Bis jetzt wusste Ben noch nichts davon, an diesem Tag erzählte ich es ihm. "Du willst das wirklich machen?"

"Ich habe ihr alles geschrieben und am Telefon erzählen können. Warum ich das konnte, weiß ich nicht. Vielleicht ist das ja aber der erste Schritt und ich schaffe es doch noch zu einer Therapie."
Ben sagte nichts, aber in ihm arbeitete es. Das war nicht zu übersehen.
"Elisa, ich stehe hinter dir, bei allem, was du tust. Aber bedenke alle Risiken, die so ein Buch mit sich bringt. Ist es erst erschienen, dann gibt es kein Zurück mehr."
"Nein, ich weiß."
Er seufzte tief: "O. k., machen wir das, aber wohl ist mir bei der ganzen Sache nicht."
Jede freie Minute saß ich jetzt am Laptop und schrieb mir alles von der Seele. Martina erhielt täglich mehrere Mails von mir. Mal sehen, was daraus werden würde. Ob sie wirklich ein Buch daraus machen konnte oder überhaupt wollte? War meine Geschichte überhaupt wichtig für sie? Ich zweifelte schon wieder an

mir. Irrtum! Martina schrieb mir:
“Elisa, vielen Dank für deine Flut an E-Mails. Können wir bitte telefonieren?”
Das taten wir. Ich rief sie am Abend desselben Tages noch an:
“Ich möchte dir etwas sagen, kleine Elisa. Du bist eine ganz starke, junge Frau. Du musstest mehrmals durch die Hölle gehen, aber du hast es geschafft. Du hast eine tolle, süße Familie. Mach was daraus. Bitte lass dir von einem Psychologen helfen. Ich kann nur von mir sprechen – mir hat es sehr geholfen. Die Geschehnisse bleiben, ganz klar, aber du kannst lernen, besser damit umzugehen.”
“Ja, vielleicht mache ich das, aber es ist so schrecklich, das jemand Fremdem zu erzählen.”
“Bei mir kannst du es doch auch.”
“Ja, aber irgendwie ist das etwas anderes. Du sitzt nicht vor mir.”
“Ein Psychologe, oder vielleicht besser noch eine Psychologin ist um Längen besser als ich. Ich schreibe nur auf, was du erzählst. Doch diese Menschen können dir helfen. Vertrau mir.”
Wir legten an diesem Abend auf und ich wartete ab, was passieren würde. Ich war so ungeduldig. Ben saß mit im Wohnzimmer, als ich mit der Autorin telefonierte. Ich erzählte ihm, dass sie mir geraten hat, mir unbedingt psy-

chologische Hilfe zu suchen."
"Siehst du, Maus. Das sagt dir jemand, der auch so etwas Schlimmes durchmachen musste und schon einige solcher Geschichten geschrieben hat."
Ich seufzte: "Ja, ihr habt ja recht."
An einem Abend rang ich mich durch und schickte Martina ein Familienfoto mit den Worten per
E-Mail: "Ich sende dir dieses Foto, damit du ungefähr weißt, mit wem du schreibst und siehst, wie ich aussehe." Erst hörte ich nichts von ihr, dann rief sie mich nach zwei Wochen an:
"Hallo Elisa … danke für das tolle Foto. Ihr seid ein süßes Paar und die Kleine ist ja Zucker. Sie sieht aus wie die Mama", lachte sie.
"Siehst du, genau das macht mir Angst. Sie ist ein Mädchen, ein Sexobjekt für jeden Perversling." Erschrocken erwiderte Martina: "Um Himmels willen, Elisa, so darfst du nicht denken. Ihr werdet sie beschützen und nicht jeder Vater missbraucht sein Kind und nicht jedes Mädchen wird Opfer solcher Perverslinge. Ein Grund mehr, psychologische Hilfe in Anspruch zu nehmen. Bitte mach das. Du stehst deinem Glück sonst nur selbst im Weg." Ich weinte.
"Och. Süße", sprach Martina weiter: "Weshalb ich aber eigentlich anrufe: Ich habe die Roh-

fassung des Manuskriptes fertig und vom Verlag das O. K. bekommen. Ich überarbeite das alles aber noch und dann würde ich es dir gern schicken."

"So schnell? Ja super." Ich war ganz perplex.

"Ja, ich hatte unendlich viele Mails von dir. Du hast eine Supervorarbeit geleistet."

"Lies es dir dann ganz in Ruhe durch, lass es sacken und lies es noch mal. So oft du möchtest. Du hast alle Zeit der Welt. Erst wenn du dir ganz sicher bist, sagst du mir Bescheid, ob es als Buch erscheinen soll oder nicht, o. k.?"

"Ja, danke. Ich hätte nie gedacht, dass du so nett bist."

"Oh … danke", lachte sie.

Ich war so aufgeregt und konnte es gar nicht abwarten, das Manuskript zu lesen. Werde ich das verkraften? Möchte ich das wirklich alles?

Ein Buch über mich und meine zwei Liebsten?

Ich wusste überhaupt nichts mehr. Wollte ich das alles wirklich? Ich grübelte und grübelte. Ja, ich wollte es.

JA UNBEDINGT.

Die nächsten Wochen vergingen, ich riss mich zu Hause zusammen und erledigte alles gewissenhaft. Es gelang mir nur nicht immer – LEIDER. Mehr und mehr stieg Verzweiflung und Ekel in mir auf. Woche um Woche verging. Gut ging es mir, um dann in die elende Verzweiflung und Angst zurückzufallen. Meine unendliche Liebe zu Ben und zu meinem Töchterchen hatte mich durchhalten lassen. Aber jetzt sind meine Reserven und meine Kraft verbraucht. Ich kann ihnen nicht einmal mehr meine Liebe geben.

ICH KANN NICHT MEHR

ICH KANN NICHT MEHR
ICH WILL NICHT MEHR
ICH SCHAFFE DAS LEBEN NICHT MEHR

Alles in mir schrie nach meiner Mama und der ewigen Ruhe.
Meine Kraft war komplett versiegt.
Vier Wochen später gingen wir an einem Sonntag Eis essen und im Park spazieren. Über meine Vergangenheit redeten wir nicht. Es tat so gut, einfach Hand in Hand mit meinem Mann durch die Natur zu gehen, Selina strahlte und alberte mit uns. Wir machten noch einen Abstecher zu seinen Eltern, aßen gemeinsam zu Abend. Meine Schwiegermutter fragte uns: “Ich habe morgen frei, kann ich den Tag nicht mit Selina verbringen? Ich würde mich so freuen.”
Ben sah mich fragend an, ich antwortete: “Ja, na klar, die Kleine freut sich doch, wenn sie bei Oma ist.”
“Gut, dann hole ich sie morgen um elf ab? Ich habe vorher noch einen Arzttermin.”
“Ja, so machen wir das.”

Gut gelaunt gingen wir dann nach Hause. So schön konnte das Leben sein. Doch innerlich war bei mir alles dunkel. Das Gefühl kann ich nicht beschreiben. Ich freute mich über meine kleine Familie, mich selbst hasste ich abgrundtief. Ben musste es doch nur zulassen, eine andere Frau in sein Leben zu lassen. Es würde ihm definitiv besser gehen. Nein, ich wollte ihn nicht loswerden, Gott bewahre. Ich liebte diesen Mann abgöttisch, deshalb wollte ich nicht, dass er mit mir leidet. Das hat er nicht verdient. Er sollte unbeschwert und glücklich sein. Mit mir konnte er das nicht. Dafür musste er sich viel zu viel Sorgen um mich machen. Selina hat eine treusorgende Mama verdient, das war ich leider oft nicht.

Am nächsten Morgen frühstückten wir gemeinsam, Ben musste auf Arbeit. Ich spielte noch mit Selina, dann machte ich sie fein für den Besuch bei Oma.
"Gleich holt dich die Oma, Süße. Ihr macht bestimmt was ganz Tolles. Oma spielt mit dir, dann kommt der Opa und er spielt bestimmt mit." Selina strahlte mich an, so allerliebst, dass ich sie ganz fest in die Arme schloss. Tränen kullerten über meine Wangen. Warum hielt ich sie so selten so fest in meinem Arm? Ich liebte sie doch so sehr.
ICH KANN NICHT MEHR!

Als meine Schwiegermutter die Kleine abhol-

te, sagte ich ihr:
“Ich wünsche dir ganz viel Spaß bei Oma und grüß den Opa schön. Ich liebe dich mein Engelchen.”
Tränen liefen mir über mein Gesicht:
“Ich liebe dich so sehr, mein Mäuschen.“
Meine kleine Maus ging mit ihrer Oma und winkte mir zum Abschied.

Das waren die letzten Worte, die Elisa zu ihrer Tochter sagte und das Letzte, was die Kleine von ihrer Mama sah. Ein letztes Winken zum Abschied. Ein Abschied für immer.

An diesem Tag nahm sich Elisa das Leben.
Sie wurde nicht einmal dreißig Jahre alt.

(Das genaue Datum soll nicht genannt werden).

Unfassbares Leid

Ich hatte das Manuskript an Elisa geschickt. Es dauert dann immer eine ganze Weile, bis ich sonst eine Rückantwort bekam. Es ist auch völlig in Ordnung. Zwei Tage später hatte ich eine E-Mail.
Eine E-Mail von Ben mit dieser schrecklichen Nachricht …

Es ist eine Tragödie.

Ich drückte Ben mein tiefstes Beileid aus. Allerdings habe ich mehrmals angerufen, bis ich ihn erreichte. So etwas wollte ich nicht als E-Mail schreiben. Wir unterhielten uns sehr lange an diesem Abend.

Ich habe ihm versprochen, hier nicht zu erwähnen, wie Elisa aus dem Leben geschieden ist. Das soll nicht an die Öffentlichkeit, nur dass es von ihr geplant war, gibt er preis.
Ich wusste nicht, wie ich mich verhalten sollte. Soll das Buch wirklich veröffentlicht werden?
Elisa hinterließ einen Abschiedsbrief. Auch den möchte ihr Mann nicht veröffentlichen. Was er aber sagen möchte, ist Folgendes:

“Elisa wollte unbedingt, dass das Buch erscheinen wird, das war ihr großer Wunsch und ich werde dem nicht im Weg stehen. Mehr möchte ich von ihren Abschiedsworten nicht preisgeben."

Nach einer Pause, die ich ihm so lange gab, wie er es brauchte, sprach Ben mit brüchiger Stimme weiter:
"Darf ich dir noch eine Mail schreiben, mit Worten von mir, die sehr gern im Buch stehen sollen?"
"Ja natürlich Ben, jederzeit."
Das tat er. Er schrieb mir Folgendes:

„Das Manuskript habe ich in den letzten zwei Nächten gelesen. Allerdings muss ich gestehen, dass ich die schlimmen Taten nur überflogen oder gar nicht gelesen habe. Ich kann es nicht. Die Leiden von Elisa zu lesen, verkrafte ich nicht. Deshalb verlasse ich mich da ganz auf dich, liebe Martina. Ich musste mich übergeben und war kurz vor dem Zusammenbruch, unendlich wütend und voller Hass. Was haben diese Schweine nur meiner geliebten Frau angetan? Sie war nie zu jemanden bösartig oder irgendetwas. Sie war so ein lieber Mensch. Warum? Warum? Warum?

Ich war eigentlich nicht so dafür, dass dieses Buch erscheinen sollte. Doch mittlerweile denke ich ganz anders. Jeder soll erfahren, was meiner geliebten Frau angetan und wie sie kaputtgemacht wurde. Allerdings nur mit diesem Buch. Ich selbst möchte nie in die Öffentlichkeit.

Unsere Lieder:

“Weißt du denn gar nicht, wie schön du bist?” (Sarah Connor)
und
“Mein Stern” (Unheilig)

werde ich auf ihrer Trauerfeier spielen lassen und ich höre sie jetzt auch täglich immer und immer wieder. Warum konnte ich sie nicht retten?

Diese Dreckskerle haben ihr so wehgetan und ihre Seele zerrissen, dass sie sogar Angst hatte, Selina würde dasselbe Schicksal ereilen. Davon ließ sie sich nie abbringen.

Ihrem Vater kann ich nicht verbieten, zur Trauerfeier seiner Tochter zu kommen. Aber er wird Luft für mich sein. Er will uns andauernd besuchen, ich kann diesen Typen nicht ertragen. Wenn ich nur seine Stimme am Telefon höre, könnte ich kotzen. Wie kann man seinem Kind so etwas Schreckliches nur antun? Er hatte keine Antwort, als ich ihn das fragte. Es tut ihm ja so leid. Arschloch!!!

Elisa hat eine würdevolle Trauerfeier verdient, wenigstens das möchte ich ihr noch geben, deshalb soll er kommen, das hätte sie bestimmt gewollt. Sie liebte ihren Papa trotz allem, das weiß ich, aber es zu verstehen, fällt mir schwer.
Aber diesem John verbat ich es. Ich würde ihm die Seele aus dem Leib prügeln. Dieses perverse, sadistische Schwein. Vielleicht mache ich es sogar irgendwann. Auch wenn ich die Zeilen überflogen habe oder auch nicht alles lesen konnte, reicht es mir, was ich erfahren habe.
Den Kontakt zu Steffen und Katja habe ich komplett abgebrochen. Mit diesen "Menschen" möchte ich nie wieder etwas zu tun haben.
Es ist so tragisch, dass meine Maus sich nicht helfen lassen konnte.

Meine geliebte Elisa ist jetzt bei ihrer Mama und ich wünsche mir zutiefst, dass sie sich wirklich treffen, da wo sie jetzt sind und es meiner geliebten Maus gut geht.
Meinem Töchterchen habe ich gesagt, dass die Mama jetzt ein Engel ist, der fliegen kann. Wir suchten einen Stern aus und immer, wenn

Sterne am Himmel sind, zeigt sie mit ihrem kleinen Fingerchen nach oben und fragt: “Mama?” Dabei sieht sie mich mit ihren großen Kulleraugen an, dann habe ich das Gefühl, es sind Elisas Augen.

Elisas Urne wird auf dem Grab ihrer Mama beigesetzt und ich hoffe und wünsche mir so sehr, dass sie jetzt ihre Ruhe finden kann.

ES TUT SO SCHRECKLICH WEH

Ben“

Nachwort

Ich habe lange – sehr lange versucht, die richtigen Worte für diese Tragödie zu finden. Es funktionierte nicht und ich musste erkennen, es gibt nicht die richtigen Worte. Eigentlich gibt es dafür überhaupt keine Worte. Es ist zu schrecklich. Ich wünsche der Familie alle erdenkliche Kraft, die sie brauchen werden.
Eine junge Frau und Mama wurde dermaßen zerstört, dass sie keinen Sinn mehr im Leben sah.

Elisa wird nie ihre Träume verwirklichen können.
Elisa wird nie ihre Tochter aufwachsen sehen.
Elisa wird ihre Tochter nie als Braut sehen können.
Elisa wird nie ihre Enkel sehen können.
Elisas Träume und Sehnsüchte sind kaputt. Es gibt sie nicht mehr.

Oder vielleicht doch?
Kann sie von der anderen Seite alles sehen?
Ich wünsche es mir so sehr.

Elisa, ich wünsche dir, dass es dir gut geht, da wo du jetzt bist.
Auch wenn wir uns nie persönlich getroffen

haben, bist du mir sehr ans Herz gewachsen. Du wirst immer einen Platz in meiner Seele haben.
Du warst eine tolle, junge Frau. Ich werde dich nie vergessen.
Ich danke dir für deinen Mut, deine Kraft und deine Tapfer- und Ehrlichkeit.

Auf deinem letzten Weg werde ich dabei sein.

Martina

Liebe Leserinnen und Leser,

ich möchte mich bei Ihnen aus tiefstem Herzen bedanken, dass sie Anteil an Elisas Leidensweg genommen haben. DANKE!

Ich wünsche Ihnen allen ganz viel Glück, Geborgenheit, Liebe und Ruhe.
Ruhe in diesen unruhigen Zeiten.
Bewusst habe ich das Ende des Buches verkürzt geschrieben. Was ich alles mit Elisa besprochen und geschrieben habe, dem wollte ich nicht viel Raum geben. Ich hoffe diesbezüglich sehr auf Ihr Verständnis.Es wird einige Menschen geben, die mich zerreißen werden, dass dieses Buch überhaupt veröffentlicht wurde. Dazu kann ich nur sagen:
Es war Elisas großer Wunsch, und Ben und ich respektieren das.

Ein großer Dank geht an Daniela Behr.
Ich danke Ihnen, dass Sie dieses Buch möglich gemacht und somit Elisas letztem Wunsch entsprochen haben. DANKE DAFÜR!

Ich wünsche Ihnen ALLEN ein gewaltfreies Leben.

Martina Woknitz

Lesen Sie mehr von Martina Woknitz bei DeBehr

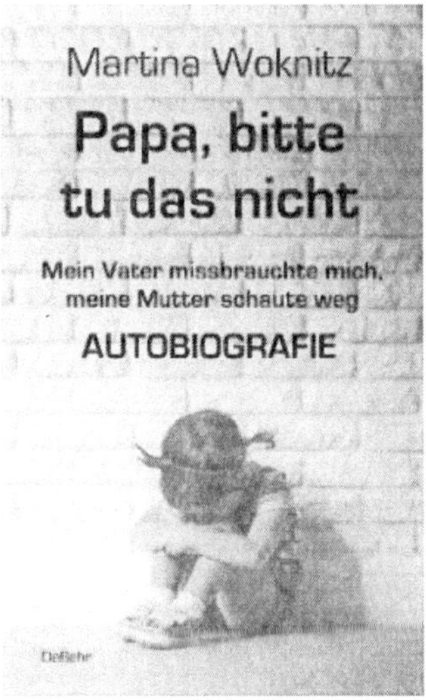

Die Kindheit der kleinen Martina ist von Anfang an von Missbrauch und Gewalt geprägt. Sie ist gerade einmal fünf Jahre alt, als ihr Vater sich das erste Mal an ihr vergeht. Als sich das kleine Kind hilfesuchend an die Mutter wendet, schlägt diese ihre Tochter für deren angebliche Lügen. Der Vater missbraucht sie in den nächsten Jahren und wird dabei immer brutaler. Es dauert lange, bis die mittlerweile junge Frau sich befreien kann. Doch dann betritt sie eine neue Hölle, brutalst und gewissenlos tyrannisiert ihr Partner sie und das gemeinsame Kind ... Ein erschütternder Tatsachen-roman, der anderen Opfern helfen möchte, Mut zu fassen, das Erlebte zu verarbeiten, sich zu erheben gegen die Peiniger, zu erkennen, dass nicht die Opfer Schuld tragen, sondern die Täter - und endlich aus ihrem Schicksal auszubrechen.

198 Seiten Taschenbuch, 10.95€,

ISBN: 9783957534989

Als ich meine Tochter neugeboren in den Armen hielt, versprach ich ihr, sie vor allem Bösen zu beschützen. Doch das Böse lebte mit uns unter einem Dach. Ich war damals in einer Nacht- und Nebelaktion aus meinem fürchterlichen Elternhaus zu meinem Freund gezogen, nicht ahnend, dass ich von einer Hölle in die nächste schlitterte. Meine Kindheit prägten Demütigungen, Schläge und sexueller Missbrauch. Meine Ehe wurde nun von physischer und psychischer Gewalt, Brutalität und Vergewaltigungen bestimmt. Michael war ein toller Mann, als ich ihn kennenlernte. Er sah sehr gut aus und wir liebten uns abgöttisch. Doch die Fassade bröckelte. Mein Ehemann wurde immer brutaler und zeigte sadistische Züge. Mutlos ertrug ich jegliche Art der Gewalt. Erst nach 20 Jahren entkam ich dieser Hölle. Fast hätte ich nicht überlebt. DIE AUTOBIOGRAFIE EINER GESCHUNDENEN FRAU, DIE ERST FAST ZU SPÄT DEN MUT FAND, SICH ZU RETTEN.

"Mama, ich muss dir was sagen." Ihre Mutter sah sie genervt an und wartete. Da das kleine Kind verstummt war, blaffte sie das Mädchen an: "Ja, was denn nun?" "Papa … Papa … hat … heute Nacht …" Die Kindheit und Jugend von Martina sind geprägt von sexuellem Missbrauch durch ihren Vater und Prügel durch ihre Eltern. Sie ist von klein auf verlassen. Mit 19 Jahren lernt sie ihren zukünftigen Ehemann kennen und zieht zu ihm. Doch dieser Mann ist nicht der liebevolle und charmante Partner, den sie sich erträumt. Er entpuppt als gewalttätiger Tyrann und Alkoholiker, schlägt und vergewaltigt die junge Frau. Die Flucht ins Frauenhaus bietet dauerhaft keinen Schutz, denn ihr Noch-Ehemann ist Martina auf der Spur. Bald gerät sie in tödliche Gefahr. Die Autorin war schon als kleines Kind Opfer dauerhafter sexueller Übergriffe durch ihren Vater, ihr Ehemann entpuppte sich als sadistischer Vergewaltiger und Frauenschläger. Ihre Erlebnisse lässt sie in diesen Roman einfließen.

182 Seiten Taschenbuch, 10.95€,

ISBN: 9783957535382

Bei der Freundin unseres Sohnes hatten die Wehen eingesetzt, und das im siebten Monat! Wir kamen gehetzt im Krankenhaus an. Mein Sohn stand vor uns, mit hängenden Schultern. Der Arzt hatte uns bereits eingeweiht. "Ihr nehmt beide Drogen und trinkt Alkohol? Beide? Saskia ist SCHWANGER ...!!!" Die nun folgenden Beteuerungen, aufhören zu wollen, hatte ich schon zur Genüge gehört. Annas Sohn Lucas ist drogen- und alkoholsüchtig. Auch als er Vater wird, ändert sich sein Verhalten nicht. Aggression, Gewalt, Diebstähle und Lügen auch gegenüber seiner Mutter, die vergeblich versucht, ihm zu helfen, bestimmen seinen Alltag. Er beschimpft sie als Scheißmutter. Lucas stürzt immer weiter ab. Und Anna wird geraten, ihn loszulassen, um sich selbst zu schützen. Doch wie könnte eine Mutter ihr Kind loslassen? Und was wird aus der kleinen Enkeltochter?

198 Seiten Taschenbuch, 10.95€,
ISBN: 9783957536822

Jenny wächst in einem unvorstellbar grausamen Elternhaus auf. Von der Mutter geschlagen und gedemütigt, vom Vater seit dem Kindergartenalter schwerst sexuell missbraucht und misshandelt, fristet das kleine Mädchen ihr schreckliches Dasein. Als die Mutter sich nach Jahren des Martyriums von dem Tyrannen trennt, scheint alles besser zu werden.

Doch anstatt ihr Kind endlich zu schützen, liefert Jennys Mutter sie neuer Grausamkeiten aus.

Nach Jahren des Grauens landet das Mädchen im Frankfurter Bahnhofsviertel. Alkohol, Drogen und die perversen Wünsche der Kunden des Babystriches bestimmen nun ihren Alltag. Bald hängt ihr

Leben am seidenen Faden. Die wahre Geschichte eines verlorenen Kindes.

182 Seiten Taschenbuch, 11.95€,

ISBN: 9783957538383

Mein Vater trat sie mit voller Wucht. Mama schrie: “Hör auf!” “Dann bring endlich mal etwas Richtiges zum Essen auf den Tisch, du dämliche Kuh.” Immer wieder trat er zu, bis Mama völlig entkräftet auf dem Boden lag und weinte. Warum ging sie nicht mit uns fort? Warum schützte sie nicht wenigstens uns, ihre beiden kleinen Söhne? Wie nur konnte sie zulassen, was dieses Monster uns antat und was meinen Bruder in den Suizid treiben würde? Paul wächst mit seinem zwei Jahre älteren Bruder Jan in einem unfassbar grausamen Elternhaus auf. Schutzlos sind die Kinder den Prügelattacken des cholerischen Vaters und einer untätigen Mutter ausgeliefert. Bald beginnt der Vater, seine

Söhne zu missbrauchen und schwer zu vergewaltigen. Jan zerbricht daran. Paul hingegen landet in einer Spirale aus Gewalt, Drogen und Alkohol. Er fürchtet, wie sein Vater zu werden. Doch dann tritt Jana in sein Leben. Die wahre grausame Biografie eines misshandelten Jungen, der selbst zum Täter wird.

236 Seiten Taschenbuch, 11.95€,
ISBN: 9783957538963

… Nun kam sein Freund auf mich zu und verging sich ebenfalls an mir. Ich schrie wie ein verwundetes Tier. Er hielt mir den Mund zu. Die anderen standen um uns herum und johlten. Ich verlor das Bewusstsein… Sie hatten geplant, mich auf diese schreckliche Weise zu demütigen. Noch weniger als Dreck war ich wert. Das hatten meine Eltern mir bereits beigebracht, als ich noch ganz klein war.

In Carmens Familie herrschen der Teufel aus der Flasche und Prügel. Mutter und Vater sind extrem gewalttätig. In der Schule wird Carmen brutal gemobbt, fast kommt das Mädchen dabei ums Leben.

Still erträgt es sein Schicksal. Drogen scheinen der einzige Ausweg. Carmen gerät in eine neue Hölle, als ihr Freund sich zum Tyrannen entwickelt, der sie nach Herzenslust misshandelt.
EIN SCHONUNGSLOSER ERSCHÜTTERNDER BIOGRAFISCHER TATSACHEN-ROMAN.
Die Autorin Martina Woknitz wurde selbst schwerst misshandelt und hat auch ihr eigenes Schicksal zu Papier gebracht. Sie gibt heute denen eine Stimme, die ihre Leidensgeschichte erzählen möchten, um den Blick für Unrecht zu schärfen.
SCHAUEN SIE NICHT WEG!

204 Seiten Taschenbuch, 11.95€,
ISBN: 9783957539571